TJ Special File 18

スポーツ医科学トピックス 2

川田茂雄 著

はじめに

　本書は、「月刊トレーニング・ジャーナル」（ブックハウス・エイチディ）に連載している記事を加筆、修正して再編集したものです。2014年に『スポーツ医科学トピックス1』として刊行しましたが、この度、『スポーツ医科学トピックス2』として前回未収録のものをまとめました。雑誌での連載は8年近く続いていますが、最近は学会などでお会いする学生や研究者の方々に、連載を読んでいることや、記事を大学の講義などで利用しているといった大変ありがたいお言葉もいただくようになりました。一人でも多くの方にスポーツ医科学の面白さを伝えたいと考えている筆者としては大変嬉しく思います。

　スポーツが生まれたときは、そのスポーツは行う人のものでしたが、次第に、「行う人」、「指導する人」、「見る人」と、スポーツを中心に人の輪が広がり、今ではスポーツは皆のものという認識になっています。スポーツ医科学も同様に、スポーツ医科学研究で得られた知見は特定のスポーツを行う者だけに還元されているわけではなく、健康で活き活きと過ごしたいと望む全ての人に還元されています。ただ、科学が発展し、多くの知見が得られる一方で、得られる研究成果が非常に複雑で、研究を職業としない方々がその内容を理解するのが困難になってきているのも事実です。スポーツ医科学の研究成果をより社会一般に広げるためには、研究現場と一般社会との間を橋渡しするものが必要になります。本書がその架け橋の一つになれれば幸いですが、まだまだ充分ではないところも多々あるかと思いますので、今後もよりよい架け橋になれるよう、読者の皆様には忌憚のないご意見を頂戴できれば幸いです。

　最後に、本書を刊行するにあたり、有限会社ブックハウス・エイチディの浅野将志氏をはじめ、多くの関係者の方々に大変お世話になりました。この場をお借りして御礼申し上げます。

2018年4月　川田茂雄

スポーツ医科学トピックス　2

はじめに ……………………………………………………………… 3

1　寿命（1）………………………………………………………… 6

2　寿命（2）………………………………………………………… 12

3　骨 ………………………………………………………………… 19

4　運動と脳——覚えていますか、3日前の夕飯を？ ……………… 24

5　運動とエピジェネティックス ………………………………… 29

6　親の責任 ………………………………………………………… 36

7　新生活前の憂鬱——トレーニング中断への恐怖 ……………… 41

8　抗酸化サプリメント再考（2）………………………………… 48

9　骨格筋肥大のメカニズム——掛け持ちする遺伝子 …………… 53

10　スポーツ医科学の情報源——そのお話、どこで誰からお聞きになりました？ … 58

11　健康・スポーツ科学の都市伝説（1）………………………… 63

12　スポーツ医科学への誘い（1）——骨格筋研究未解決ファイル …… 69

13　スポーツ医科学への誘い（2）——教科書が修正される日 ………… 77

14　トレーニングとやる気 ………………………………………… 83

目次

15 生活習慣と肥満 89

16 組織酸素分圧の生理学（4） 96

17 イメージと実際——糖尿病について 101

18 想定したうえで指導する——高齢者に対する減量指導 107

19 見慣れた風景を分析する 114

20 ドーピング——出るならヤルな、ヤルなら出るな（5） 118

21 プロテイン——いつ飲む、今飲む、後で飲む？（2） 124

22 スポーツ医科学への誘い（3）——研究者になるには 128

23 トレーニングの基本を見直す 134

24 How to本とトレーニングプログラム 139

25 肥え続けるダイエット情報 147

26 サルコペニア、ロコモ、フレイル？ 152

本書は『月刊トレーニング・ジャーナル』2012年8月号〜2014年9月号に「スポーツ医科学トピックス」として連載されたものを加筆・修正した。

ブックデザイン●青野哲之（ハンプティー・ダンプティー）

5

寿命 (1)

寿命が縮むのではないか

　競技スポーツ選手は、身体能力を向上させるために日々トレーニングを積み、栄養摂取や休息にも気を遣っています。運動、栄養、休養と身体によいと思われることを全て行っているわけですが、激しいトレーニングの後に吐き気をもよおしながら、このようなことを感じたことが一度ぐらいあるのではないでしょうか。「こんなに身体を苛めたら寿命が縮むのではないか？」と……。

　トレーニング科学の発展に伴い選手として活躍できる期間（選手寿命）は確実に伸びていますが、生物としての寿命はどうなのでしょうか。そこで寿命にまつわる情報を整理してみたいと思います。

　最初に寿命に関する一般的な情報を紹介してみたいと思います。寿命とは、生まれてから死ぬまでの期間をいいます。近年では単なる生物としての寿命だけではなく「健康寿命」という概念も重視されています。これは世界保健機関（WHO）が2000年に提唱したものですが、介護を受けないで自立した生活を送れる年数のことです。日本は世界一の長寿国といわれますが、WHOの報告によると健康寿命でも世界一とされます。つまり、日本人は平均的に見ると、長く生きているだけではなく比較的健康に過ごしているともいえます。さて、寿命に影響を与える因子にはどういったものがあるのでしょうか。容易に想像がつくように、寿命に影響を与える因子は複雑です。たとえば、表1-1のようなアンケートがあります（文献1）。半分遊び感覚なものですが、割とよくできている印象です。あらゆる事象が寿命に影響を与えていると考えられて

はいますが、大枠で自然界を眺めてみると寿命にはある程度の法則みたいなものがあります。

サイズが大きい種ほど寿命は長い

　哺乳類で見ると、身体のサイズが大きい種ほど寿命は長いといった特徴があります（文献2）。マウスの寿命は3年程度ですが、ウサギは10年程度、ゾウは70年程度と身体のサイズに比例して寿命が延びていきます。そうはいっても「熱帯魚のグッピーはマウスより小さいけれどマウスより長く生きるじゃないか」という意見もあるかと思います。魚類も魚類の中で比較すれば寿命と身体のサイズはだいたい比例します。これは鳥類でも同様です（多少の例外はありますが……）。このように、生物の中では大型動物のほうが小型動物より寿命が長いという特徴がありますが、面白いことに同種の中では、この身体のサイズと寿命の関係は逆転します。

　たとえば同じ犬でも小型犬のビーグル（体重8kg程度）と大型犬のグレートデン（体重65kg程度）ではその寿命は倍近く違い、大型犬のほうが短命です（文献2）。この犬の例だけではなく、同じ系統内でも身体のサイズと寿命は反比例します。たとえば同じ系統のマウスでも遺伝子操作で成長ホルモンが多く産生されるマウスをつくると、その体重は通常のマウスの2倍程度になりますが、寿命は逆に半分程度になります（文献3）。時々ニュースを見ていると日本人の平均寿命に関するデータが流れています。それによると必ず女性のほうが男性より平均寿命が長くなっています。これは日本人に限ったことではなく世界共通です。また、自然界でもほとんどの種でメスよりオスのほうが短命であることが知られています（文献4）。表1-1にもありますが、男性であるというだけで−3、女性で＋4というのは、このような自然界の法則が根拠になっているのでしょう。

ストレスの影響

　では、なぜオスのほうがメスより短命なのでしょうか。確かに身体の

表 1 - 1

1. あなたの年齢が30〜50歳なら（＋2）、51〜70歳なら（＋4）

2. 男性なら（−3）、女性なら（＋4）

3. 人口200万人以上の都市に住んでいるなら（−2）、1万人以下の町に住んでいるなら（＋2）

4. 祖父母のうち1人でも85歳以上生きているなら（＋2）、全ての祖父母が80歳まで生きているなら（＋6）

5. 両親のどちらかが心血管系、呼吸循環器系の病気で50歳以下で亡くなっているなら（−4）

6. 兄弟、姉妹、親の誰かが50歳以下でガン、心臓病、幼少期からの糖尿病で亡くなっているなら（−3）

7. 年収5万ドル以上なら（−2）

8. 大学を卒業しているなら（＋1）、大学院を修了しているなら（＋2）

9. 現在65歳以上で、まだ働いているなら（＋3）

10. 配偶者か友人と生活しているなら（＋5）

11. 独り暮らしなら（−3）、また、25歳以降、独り暮らし歴が10年増えるごとに（−3）

12. 座りっぱなしの仕事に就いているなら（−3）、肉体労働を必要とする職に就いているなら（＋3）

13. 30分程度の激しい運動を週5回行っているなら（＋4）、2〜3回程度行っているなら（＋2）

14. 毎日10時間以上寝ているなら（−4）

15. 楽観的な性格なら（＋3）、怒りっぽい性格なら（−3）、幸福感があるなら（＋1）、不幸感があるなら（−2）

16. 過去1年間にスピード違反で捕まったことがあるなら（−1）

17. お酒を毎日約30mL以上飲んでいるなら（−1）

18. 毎日タバコを2箱以上吸う（−8）、1〜2箱なら（−6）、1/2〜1箱なら（−3）

19. 標準体重より22.5kg以上多いなら（−8）、13.5〜22.5kg多いなら（−4）、4.5〜13.5kgなら（−2）

20. 40歳以上で検診を受けている、あるいは、あなたが女性で婦人科検診を受けているなら（＋2）

寿命は様々な因子（遺伝、環境、生活習慣等）により影響を受けます。半分遊び的なアンケートですが、日々の生活を見直す参考にしてみてはいかがでしょうか。やり方は、最初に76歳から始めて、各項目に該当するものがあれば、それぞれの数字を76に足したり引いたりします（文献1より著者改変）。

サイズの理屈からいえば、オスのほうがサイズが大きいからとも考えられます。おそらくそれも一因でしょう。それに加えて、近年では興味深い学説も提唱されています。たとえば、哺乳類で見た場合、メスとオスの寿命の差は一夫一婦制の動物種のほうが、一夫多妻制の動物種よりも小さくなる傾向があります（文献5、6）。

　一夫多妻制の場合は当然1頭のオスが複数頭のメスを囲うわけですか

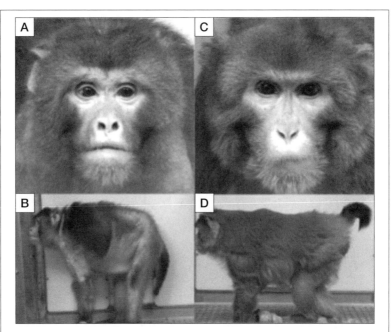

食事を自由摂取した場合（A and B）に比べ、摂取カロリーを30%カットした猿では（C and D）、老化関連疾患の発症も減少し、見た目も若々しい。ただし、摂取カロリーを制限した分、ミネラルやビタミンは30%増量して与えている。両猿とも年齢は27.6歳（文献9）。

図1-1　カロリー摂取制限による抗老化効果

ら、オスによるメスの争奪戦が激しいものとなります。このストレスが思った以上に大きく、そのストレスがオスの寿命を縮める一因になっているといわれています（文献5、6）。クモザルの一種にウーリークモザル（ムリキ）という猿がいます。この猿は珍しいことに群れの中に明確な順位がなく、餌やメスを巡ってのオス同士の対立がないことが知られていますが（文献7）、ムリキでは性別間に寿命の違いがないことも知られています（文献8）。

寿命を伸ばすには

では、このようなある種の法則があるように見える寿命を延ばすには

どのような方法があるのでしょうか。これまで寿命延長効果を示すものとして様々なものが知られていますが、代表的なものには「カロリー摂取制限」「IGF-1（インスリン様成長因子-1）シグナル抑制」「mTORシグナル抑制」があります。カロリー摂取制限をすると寿命が延びるというのは哺乳類だけでなく、酵母からマウス、昆虫に至るまで明らかにされています。霊長類のアカゲザルでもカロリーを30％カットすると老化関連疾患（ガンや糖尿病など）が減少し、老化速度が抑制されることが報告されています（図1-1、文献9、P.9参照）。

　よく健康のためには「腹八分目」といわれますが、抗老化効果には「腹七分目」がいいと考えられます。粗食の効果は近年次々に科学的に明らかにされています。しかし、このようなことは昔からいわれており、江戸時代の儒学者である貝原益軒も彼の著『養生訓』で、「珍美の食に対すとも、八九分にてやむべし。十分に飽き満つるは後の禍あり」と記しています。人類が長年の経験によって得た知恵というのは重みがあると驚嘆します。

　細胞の成長を促すIGF-1という成長因子がありますが、この作用を減弱させると寿命が延びることがマウスで報告されています（文献10）。われわれの細胞の中にはmTORというタンパク質が存在し、このmTORの細胞内情報伝達経路が活性化すると各種のタンパク質合成が高まることが知られていますが（レジスタンストレーニングでも活性化します）、この経路をラパマイシンという薬剤で阻害すると寿命が延びることがマウスで報告されています（文献11）。だからといってラパマイシンを摂取して寿命を延ばそうと考えるのは安易で、もともとラパマイシンは臓器移植のときに拒絶反応を抑制するための免疫抑制剤として用いられているものです。そのため、ラパマイシンの摂取には免疫抑制というまた別の問題が生じますので、健康な人が勝手に摂取するようなものではありません。

スポーツ選手と寿命

　このように、寿命や老化には様々な要因が絡んできますが、スポーツ選手と寿命の関係はどうなっているのでしょうか。スポーツ選手は一般

的に非スポーツ選手よりも筋肉が発達しているため身体のサイズが大きい傾向にあります。また、常に「相手に勝たなければ」「順位を上げなければ」というストレスにも曝されています。トレーニング効果を上げるために十分なカロリーも摂取しており、とても腹七分目とはいえないでしょう。運動はIGF-1やmTOR経路の活性化を伴います。このように考えると、スポーツ選手には寿命に対しては不利な要素が多くあるように見受けられますが、実際はどうなのでしょうか。

次章で「スポーツ選手と寿命」「運動と寿命」について現在までに明らかになっていることを紹介したいと思います。

[参考文献]

1) www.gfcwow.com/download.htm
2) Li et al. J Gerontol Biol Sci 51A(6): B403-B408, 1996.
3) Pendergrass WR et al. J Cell Physiol 156: 96-103, 1993.
4) Comfort A. Scientific Am 205: 108-119, 1961.
5) Clutton-Brock TH and Isvaran K. Proc Biol Sci 274: 3097-3104, 2007.
6) Allman J et al. Proc Natl Acad Sci USA 95: 6866-6869, 1998.
7) Strier KB. Behaviour 130: 151-167, 1994.
8) Bronikowski AM et al. Science 331: 1325-1328, 2011.
9) Colman RJ et al. Science 325: 201-204, 2009.
10) Holzenberger M et al. Nature 421: 182-187, 2003.
11) Harrison DE et al. Nature 460: 392-396, 2009.

寿命（2）

活発な運動は寿命を縮める？

　運動と寿命の関係を考えるときに、必ずといってよいほど紹介されるSohalらの有名な研究があります。Sohalらはハエの一種であるイエバエを活発に飛び回れるぐらいの大きさの瓶と、飛び回れないぐらいの小さな箱で飼育すると、小さな箱で飼育して活動量を制限したほうが寿命は延びることを報告しています（文献1）。古くからこのようなことは主張されていて、たとえば、Rubnerは数種類の家畜において生涯で消費するエネルギーの総量は、体重1gあたり200kcalであると計算しました（文献2）。つまり、これは活発に運動をしてエネルギーをどんどん消費すれば、それだけ寿命が縮むといっているのと同じです。

　また、Lymanらはトルコハムスターを用いて、生涯のうち冬眠する日数が多い、普通、少ないの3群に分けてその寿命を調べました（文献3）。その結果、冬眠日数が短いほど寿命も短いことを報告しています（図2-1）。極端な例でいうと、われわれは研究で細胞を用いますが、細胞を液体窒素（−196℃）のタンクに入れて凍らせておけば、それは細胞の活動を完全に止めている、つまり全く運動せずエネルギーも消費していない状態であるわけですが、このような状態になれば永久に生存できます。

エネルギー消費との関係

　これらのことから共通していえることは「エネルギー消費が多いこと

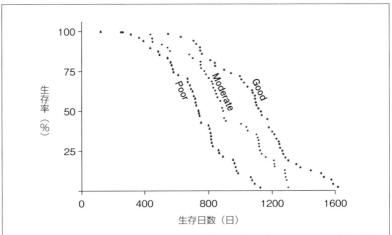

トルコハムスターを、あまり冬眠しなかった群（Poor：生涯のうち0～11%の時間冬眠）、中程度に冬眠した群（Moderate：生涯のうち12～18%の時間冬眠）、よく冬眠した群（Good：生涯のうち19～33%の時間冬眠）に分けると、冬眠時間が短くなるほど寿命も短くなっている（文献2より著者改変）。

図2-1

は寿命を縮めるのではないか？」ということです。エネルギー消費が多いということは、それだけエネルギーを産生しているともいえます。よく「エネルギー産生には酸素が必要なため、エネルギー産生量が増加して酸素摂取量が増加すると活性酸素種が多く生成されて身体に悪い」といわれます。確かに、われわれは食物を酸化してエネルギーを生成しており、その際に活性酸素種がつくられます。詳細は省きますが、このエネルギー産生過程で、スーパーオキシド・アニオン・ラジカルや過酸化水素といった活性酸素種がつくられます。

これらの活性酸素種は、SOD（スーパーオキシド・ジスムターゼ）、カタラーゼ、グルタチオン・ペルオキシターゼといった酵素により消去されますが、多量のエネルギー産生をした場合に、消去しきれなかった活性酸素種が生体内を酸化させます。Orrらは遺伝子操作により、ハエの一種であるキイロショウジョウバエにSODとカタラーゼを多くつくらせ、寿命が延びるかどうかを検討しました（文献4）。その結果、最大寿命が14～34％程度伸びたことを報告しています（図2-2）。同様の結

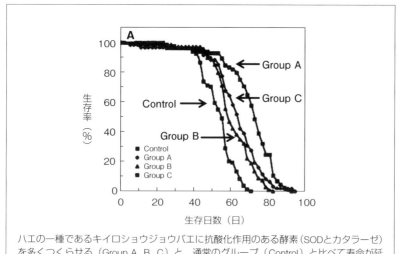

ハエの一種であるキイロショウジョウバエに抗酸化作用のある酵素（SODとカタラーゼ）を多くつくらせる（Group A, B, C）と、通常のグループ（Control）と比べて寿命が延びる（文献4より著者改変）。

図2-2

果は哺乳類のマウスを用いた研究でも報告されています（文献5）。これらのことは、やはりエネルギー消費（活性酸素種の生成）と寿命が無関係ではないことを示唆しています。

　何年か前にニュースで大きく取り上げられた研究があります。「従来の常識を覆した！　老化に活性酸素は関与しない」といった見出しで大々的に報道されたので記憶にある方もおられるかと思います。しかし、原著論文（文献6）を読むと、そのようなことはどこにも記載されていないことがわかります。彼らの研究では、細胞内でエネルギーを産生するミトコンドリアのDNAに変異が蓄積すると老化が早まり寿命が短くなること、また、ミトコンドリアDNAの変異が蓄積しても活性酸素種は増加せず、タンパク質の過酸化（酸化障害のマーカー）も増加しないということを明らかにしています。このことは、ミトコンドリアDNAに変異が蓄積されると、活性酸素種が大量にあろうがなかろうが、老化促進と短命につながるということを明らかにしているだけです。通常の状態で、そもそもミトコンドリアDNAの変異蓄積に活性酸素種が関与しているかどうかを示すものではありません。また、当然のことな

がら、老化や短命の原因がミトコンドリアDNAの変異蓄積のみによって起こることを証明しているものでもありません。ニュースなどの見出しはセンセーショナルで目に留まりますが、原著論文を読むとニュースで紹介された内容と異なっていることが非常に多くあります。われわれが世間から得られる情報を、どう自分の頭で理解して取捨選択すべきかを考えるよい例だと思います。

長すぎるヒトの寿命

さて、身体の大きさと寿命との関係について紹介しましたが、疑問点はなかったでしょうか。私が昔、身体の大きさと寿命に関する文献を読んだときに、どうしても納得できなかった疑問があります。それは「様々な動物種で身体の大きさが大きくなるほど寿命は長いというのはおそらく事実であるが、どうも身体のサイズの割にはヒトの寿命は長す

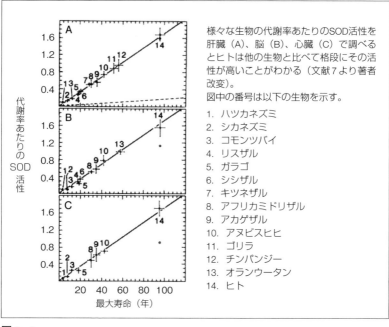

様々な生物の代謝率あたりのSOD活性を肝臓（A）、脳（B）、心臓（C）で調べるとヒトは他の生物と比べて格段にその活性が高いことがわかる（文献7より著者改変）。
図中の番号は以下の生物を示す。

1. ハツカネズミ
2. シカネズミ
3. コモンツパイ
4. リスザル
5. ガラゴ
6. シシザル
7. キツネザル
8. アフリカミドリザル
9. アカゲザル
10. アヌビスヒヒ
11. ゴリラ
12. チンパンジー
13. オランウータン
14. ヒト

図2-3

ぎないか？」ということです。

　最初に挙げたRubnerの「生涯で消費するエネルギーの総量は体重1g
あたり200kcalである」というのも、ヒトでそのまま計算すると、多く
見積もってもヒトの寿命は30年程度になってしまいます。また、哺乳類
はその種に関係なく、生涯で打つ心臓の心拍の回数は20億回といわれま
すが、ヒトで計算すると寿命は50年ちょっとになってしまいます。ヒト
の場合は医療の発達が関係しているという意見もありますが、医療の発
達していなかった時代でも60年、70年と生きていた人は多くいます。ヒ
トは他の動物とは異なる例外的な生物なのでしょうか。

　これに関してTolmasoffらが面白い研究を報告しています。彼らは
様々な動物の肝臓、脳、心臓のエネルギー代謝率あたりのSOD活性を
検討しました（文献7）。その結果、ヒトのエネルギー代謝率あたりの
SOD活性は他の動物と比べて格段に高いことを報告しています（図
2-3）。このことは、ヒトは他の動物と比べて運動をして活性酸素種が
生成されても、その消去能力が非常に高いことを示しています。

どんな運動がよいか

　運動と寿命、スポーツ選手と寿命について考える際には、これまで紹
介したエネルギー消費増加が寿命にマイナスの影響を与えるということ
と、ヒトの活性酸素種の消去能力は高いということ、また、運動から得
られる健康へのメリットといった様々な要素が複雑に絡み合っているこ
とを考慮する必要があります。

　Leeらは、13485人の男性を対象に20年間の追跡調査により活動量と
死亡率を検討しました（文献8）。全体で見ると、1週間あたりのエネ
ルギー消費量が多いほど死亡率が低いことがわかりました。運動するこ
とにより1週間で少なくとも1000kcal以上消費していると効果はあるよ
うです。

　ただ、エネルギーを消費すれば、運動の内容はなんでもかまわないと
いうわけでもないようです。活動強度の指標にMETs（メッツ：
Metabolic Equivalents）というものがありますが、4METs未満の活動
（掃除や炊事、洗濯、柔軟体操など）ではたとえ週あたりの消費エネル

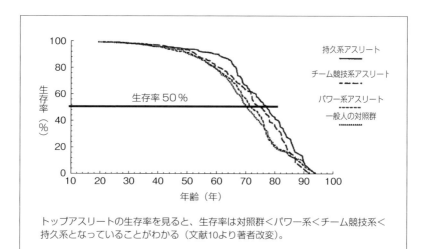

図2-4

ギーが1500kcal以上でも死亡率に変化は認められません。4 METs以上（自転車こぎや、早歩き、ジョギングなど）の運動を週あたり750〜1500kcal程度でようやく死亡率の低下が見られるようになります。WHOでも、健康のために、ある程度の強度の運動を1日あたり30分間、週5回の頻度で行うことを推奨しています。このような運動は確かにエネルギー消費も増し、活性酸素種の発生も増加させるかもしれませんが、それ以上に呼吸・循環器系へのプラスの効果が大きいということです。

　最近、Wenらは4.5METs程度の運動（ダンスやゴルフ程度の強度）であれば1日あたり15分間、あるいは1週間あたり90分間程度で何もしないより死亡率は14％低下することを報告しています（文献9）。普段、運動の時間を確保できないという人は、通勤の帰宅の際にいつもより一駅前で下車して、早歩きで帰宅するといった工夫をするだけでも効果が期待できます。このように適度な運動であれば、健康に対してはプラスの効果が大きいといえます。

　では、競技スポーツレベルの運動ではどうでしょうか。

　Sarnaらはフィンランドのトップアスリート（少なくとも一度はオリンピック、世界選手権、ヨーロッパ選手権、国際大会のどれかに出場し

た経験を持つ）の生存率を報告しています（文献10）。競技種目を持久系（クロスカントリースキーなど）、チーム競技系（サッカーなど）、パワー系（ウェイトリフティングなど）に分けて検討していますが、対照群と比較して持久系とチーム競技系の一部で生存率は有意に高くなっており、パワー系では対照群と同程度です（図2-4）。

　Abelらは、メジャーリーグベースボール（MLB）の選手の寿命について報告していますが、守備位置やキャリアの年数にかかわらず、一般人と寿命に差は認められませんでした（文献11）。この他にも競技スポーツ選手の寿命に関する様々な研究がありますが、総合的に見ると、持久系競技や持久系と瞬発系が混在するボールゲーム（サッカーやバスケットボールなど）では、相当に激しい練習を積んでも寿命はやや延びると考えられます。これは、呼吸・循環器系への好影響が相当に出ることに起因するようです。一方、パワー系競技では寿命は一般人と変わりません。これはパワー系の運動にも健康に対するプラスの効果はあるかもしれませんが、パワー系アスリートには、競技引退後に肥満になる選手が多い傾向にあることも指摘されています。

　ヒトは他の動物と比べて、運動に対する耐性は相当に高いものと考えられます。これまでの知見からすると、競技選手は現役の間は吐くような厳しいトレーニングを積んでも寿命に悪影響はないものと考えられます。持久系の競技選手ではむしろ好影響が出ています。現役選手は思う存分追い込んで練習して下さい。

［参考文献］

1）Sohal RS and Buchan PB. Exp Geront 16（2）: 157-162, 1981.

2）Rubner M. Das Problem der Lebensdauer. Oldenbour 8, Berlin, 1908.

3）Lyman CP et al. Science 212: 668-670, 1981.

4）Orr WC and Sohal RS. Science 263: 1128-1130, 1994.

5）Schriner SE et al. Science 308: 1909-1911, 2005.

6）Kujoth GC et al. Science 309: 481-484, 2005.

7）Tolmasoff JM et al. Proc Natl Acad Sci USA 77（5）: 2777-2781, 1980.

8）Lee IM and Paffenbarger RS. Am J Epidemiol 151（3）: 293-299, 2000.

9）Wen CP et al. Lancet 378: 1244-1253, 2011.

10）Sarna S et al. Med Sci Sports Exerc 25（2）: 237-244, 1993.

11）Abel EL and Kruger ML. Res Sports Med 13: 1-5, 2005.

骨

骨に敬意を表して

　非常に大切なものでも、常に身近にありすぎるとその大切さに気がつかないのが人間です。たとえば「骨」はわれわれにとってなくてはならない組織ですが、普段その大切さを意識することはほとんどないのではないでしょうか。WHOが、2000年から2010年までの10年間を「骨と関節の10年」と定めていたことからもわかるように、骨組織は世界的には非常に重視されています。ヒトの成人には206本もの骨があります。そんな多くの骨に毎日の生活を支えてもらっているにもかかわらず、あまり意識されることのないかわいそうな組織が骨です。ここではそのような骨に敬意を表して「人体の支持体」としての機能だけでなく、その他

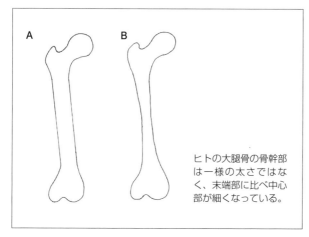

ヒトの大腿骨の骨幹部は一様の太さではなく、末端部に比べ中心部が細くなっている。

図3-1

の視点からも骨組織を紹介してみたいと思います。

　皆さんが「大腿骨の絵を描いて下さい」といわれたらどのような絵を描くでしょうか。おそらく半数ぐらいは図3-1Aのような感じになるのではないでしょうか。図3-1Bみたいな感じに描ければ、割と骨を意識しているほうだと思われます。

力が加わると電気が生じる

　大腿骨を注意して観察すると、その骨幹部は全長にわたって一様の太さではなく、中心部が細くなっていることがわかります。では、それはなぜでしょう。骨には「圧電効果」という性質が備わっています。圧電効果というのは、物質に力が加わると、その大きさに応じて電圧が発生する現象のことです。身近なところではライターの着火石にも圧電性が備わっています。ライターは着火ボタンを押すと、その力によって電圧が発生し、それによって生じる火花を利用して着火しています。骨の場合は、骨の成分であるコラーゲンの結晶や、ヒドロキシアパタイトの結晶に圧電性があることが知られています。そのため骨に力が加わると電圧が発生し、その電圧によって骨に電気刺激が加わることになります。

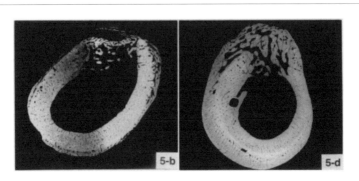

ラットの大腿骨にドリルで穴をあけ、そこに圧電性を有しない膜を貼り付けた場合（左側の写真）と圧電性を有する膜を貼り付けた場合（右側の写真）の術後4週目の様子。圧電性を有する膜を貼り付けたほうが骨の再生が進んでいることがわかる（文献1）。

図3-2

その刺激によって骨の成長が促され、結果として大きな力が加わるところは太くなり、加わらないところは細くなります。つまり、大腿骨の場合は中心部より末端のほうが、より大きな力が加わっているということになります。このことから、運動不足によって骨に力を加えない生活を続けると、骨が弱くなっていくということも理解できるかと思います。このような知見に基づいて、整形外科の分野では骨折の治療に電気刺激を用いたりしています。また、近年では圧電性を持つフィルムを直接骨折部位に貼付し、骨の再生を促すといった方法も考案されています（図3-2、文献1）。

　このように、骨への荷重刺激と骨の丈夫さというのは密接に関係しています。骨の丈夫さとは骨の密度（骨密度）と骨の質によって決まります。骨の質とは代謝回転や石灰化の程度、微小骨折の有無などによって決まりますが、骨の強度はほぼ骨密度で決まると考えていいかと思います。この骨密度は競技スポーツ選手では一般の人と比較して高くなっているというのはご存知の通りです。骨密度は骨への荷重刺激が影響しますので、水泳選手の骨密度は一般の人とあまり変わらないということも知られています。近年では、女性の陸上長距離走選手の中には荷重刺激が多いにもかかわらず、他の競技と比べて骨密度が低いという報告もあります（文献2）。

他の組織との相互作用

　上述したことは人体の支持体としての骨組織に関することで、多くの人に割と知られた事実ではないでしょうか。近年はこれらに加え、他の組織との相互作用における骨組織の重要性が指摘されるようになっています。

　たとえば、骨を形成する骨芽細胞はオステオカルシンというタンパク質を合成します。合成されたオステオカルシンはγ-カルボキシラーゼという酵素によって3つのグルタミン酸がカルボキシル化され、カルボキシル化されたオステオカルシンは骨基質として骨に埋め込まれます。しかし、一部カルボキシル化されなかったオステオカルシン（低カルボキル化オステオカルシン）は血液中に放出されることが知られていま

21

す。この低カルボキシル化オステオカルシンは膵臓のβ細胞に作用しインスリンの合成と分泌を促し、また、末梢組織のインスリン感受性を高めます（文献3、4）。このことは、骨が全身の糖代謝を制御していることを意味しています。

また、骨には骨をつくる骨芽細胞だけではなく、骨を壊す破骨細胞も存在します。この両方の働きにより骨は常に形成と分解を繰り返しています。破骨細胞には骨吸収窩エリアという部分が存在し、この部分を水素イオンと塩素イオンにより酸性化し（pH4.5程度）、骨の脱灰を行います。カルボキシル化オステオカルシンは酸性条件下では脱カルボキシル化され、血液中に放出され膵臓のインスリン分泌を促します。つまり、骨芽細胞だけではなく、破骨細胞も全身の糖代謝に影響を及ぼしていることになります。

破骨細胞の機能不全が原因で起こる大理石骨病という病気がありますが、遺伝性大理石骨病の患者では血液中の低カルボキシル化オステオカルシン濃度が低く、インスリン濃度も低い傾向があることが報告されて

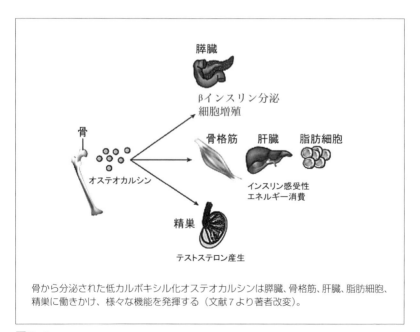

骨から分泌された低カルボキシル化オステオカルシンは膵臓、骨格筋、肝臓、脂肪細胞、精巣に働きかけ、様々な機能を発揮する（文献7より著者改変）。

図3-3

います（文献 5）。糖代謝への影響だけではなく、近年では骨の生殖機能への影響も明らかになりつつあります。遺伝子操作でオステオカルシンをつくれなくしたオスのマウスでは、精巣が小さく、テストステロンの合成が低下し、生殖機能も減弱することが報告されています（文献 6）。以上のことから、骨はある種の内分泌器官としての機能も有しているともいえます。

　このように、骨は単なる支持体としてだけではなく、様々な組織の機能に影響を及ぼすことにより全身の機能を制御しています（図3-3、文献 7）。運動によって、血中オステオカルシン濃度が上昇するという報告もありますので、運動の効果の一部は骨を介したものかもしれません。このような視点から見ると、普段はそれほど見向きもされない骨ですが、今まで以上に大切なものに思えてきたのではないでしょうか。是非、皆さんも自分の身体を文字通り「骨まで愛して」大切にして下さい。

［参考文献］

1）Ohtsuka H et al. J Jpn Prosthodont Soc 45: 202-213, 2001.

2）Mudd LM et al. J Athl Train 42（3）: 403-408, 2007.

3）Lee NK et al. Cell 130: 456-469, 2007.

4）Ferron M et al. Proc Natl Acad Sci USA 105: 5266-5270, 2008.

5）Ferron M et al. Cell 142: 296-308, 2010.

6）Oury F et al. Cell 144: 796-809, 2011.

7）Karsenty G and Ferron M. Nature 481: 314-320, 2012.

運動と脳
覚えていますか、3日前の夕飯を？

脳と運動の関係

　私が子どもの頃は「筋肉バカ」とか、「脳ミソまで筋肉」という言葉がありましたが、最近ではあまり聞かれなくなりました。スポーツばかりしていると頭が悪くなるというネガティブな意味で使われていました。私自身は子どもの頃は日が暮れるまで運動ばかりしていて、このようなことをいわれ続けていましたので、なかなか愛着のある言葉ではあります。

　競技スポーツ選手のインタビューなどを聞いていると、彼らの特殊な能力の高さに驚かされます。たとえば、プロ野球選手のインタビューでは、「1球目はカーブが低目に外れて……3球目の内角高めのストレートをホームランした」といった感じで、何年も前に対戦したピッチャーの配球を覚えていたりします。野球に限らず、プロ選手は過去のことを細かく記憶しているように思えます。3日前の夕飯のおかずを思い出すのですら大変な自分としては、この記憶力は驚異的でもあります。近年では脳の研究や、運動が脳に与える効果についての研究が進んだこともあり、脳のためにも運動が推奨されています。では運動と脳の関係について紹介してみたいと思います。

脳の血流は一定か

　研究が進めば、以前まで正しいと思われていたことが覆されるのはよくあることです。脳に関しても、以前は「脳の血流は何が起きても一定

である」といわれていました。脳は非常に重要な臓器であるため、常に環境を一定にする必要があり、そのため、たとえば激しい運動をして心拍数が増加し、血圧が上昇しても、脳の血流は一定に保たれると考えられていたわけです。私が学生の頃に買った教科書にもそのように記載されています。このことはもちろん、どこの誰ともわからない人が好き勝手にいっていたわけではなく、研究報告として存在します（文献1）。しかし、近年では、運動時に心拍数が増加して心拍出量が増加すると、同時に脳の血流も増加することがわかっています。また、脳血流が増加することにより脳神経細胞が増加し、様々なプラスの効果が現れることも明らかになってきました。この脳神経細胞が増加することも、かつては「成体の脳では神経細胞は増加しない」と考えられていました。技術の進歩に伴い、見えなかったものが見えるようになり、測定できなかったものが測定できるようになれば、教科書は書き換えられることになります。

運動で海馬が大きく

さて、運動と脳の関係で最も研究が進んでいるのは海馬体に関する研究だと思われます。海馬体は学習に重要な部位であり、記憶に関係しています。加齢に伴ってその大きさが小さくなることが知られています（文献2）。若いマウスの脳に放射線照射すると海馬体の神経新生が阻害され、記憶能力の低下が見られます（文献3）。生活の条件によっては「海馬体で神経が増えるらしい」ということは以前から知られており、たとえば、マウスを飼育するときに、飼育箱に障害物などのオモチャをたくさん入れておくと、神経細胞の新生が多くなることが報告されています（文献4）。このことは、ヒトでも様々な刺激のある環境で子育てしたほうが、子どもの脳にとっては好ましいということを示唆しています。

運動との関係でいうと、van Praagらが1999年にマウスを用いて、ランニングにより海馬体の歯状回という部位で神経細胞が増加することを報告しています（文献5）。同様のことはヒトでも確認されており、Ericksonらは平均60歳代の男女をウォーキング群と、ストレッチ群に分

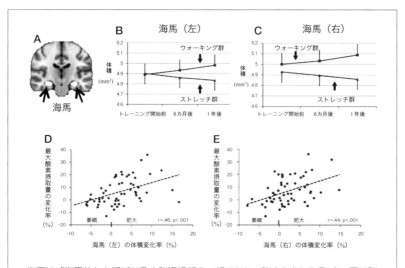

海馬は「海馬体」と呼ばれる大脳辺縁系の一部であり、脳の左右にある（A, 図は脳の断面図）。海馬体はこの海馬と海馬支脚、前海馬支脚、傍海馬支脚、嗅内皮質、歯状回からなる。加齢とともに海馬の体積は小さくなるが、ウォーキングのような運動を継続的に行うと、その体積は増加する（B and C）。また、その増加の程度を最大酸素摂取量という持久系のトレーニング効果の程度と比較すると、トレーニング効果が大きい者ほど、海馬体積の増加率も高いことがわかる（D and E）（文献2より著者改変）。

図4-1

けて運動と海馬、記憶力との関係を検討しています（文献2）。その結果、1回あたり40分間のウォーキングを週3回すると、1年後には海馬の大きさが2％程度大きくなり、記憶力も改善したことを報告しています（図4-1）。

　ストレッチ群では、海馬の大きさは1.4％程度小さくなっていました。どちらの群も記憶力は改善していましたが、改善程度はウォーキング群のほうが高いことが報告されています。ウォーキングの強度は最大心拍数の60〜75％ですから普通に歩く程度ではなく、やや速く歩く強度です。通常であれば加齢に伴って萎縮する海馬が逆に大きくなるというのは、効果としては相当なものです。

　運動により、海馬体で神経細胞が増加する仕組みも近年明らかにされつつあり、BDNF（脳由来神経栄養因子）と、IGF-1が大きく関与して

いることが知られています。運動によって、海馬体で産生されるBDNF
が増加することが知られています（文献6）。また、血液中のIGF-1の
海馬体での取り込みが増加することも知られています（文献7）。これ
らの因子が神経細胞の増殖と成長を促すことが明らかになっています。

　運動と脳神経細胞増加の関係は、ランニングやウォーキングなどの持
久系の運動ではよく研究されていますが、レジスタンストレーニングと
の関係ではほとんど研究がありません。Cassilhasらは、ラットを用い
てレジスタンストレーニングと記憶力の関係を検討し、トレーニングに
よって海馬体でIGF-1濃度が増加することと、記憶力が持久系の運動
と同程度改善することを報告しています（文献8）。ただし、海馬体の
神経細胞が増加するかは検討されていませんので、その点については今
後の研究が待たれます。

脳における「マッスルメモリー」現象

　レジスタンストレーニングの場合、トレーニングを積んで一度筋肉を
大きくしておくと、しばらくトレーニングを中断して筋肉が萎縮しても
再開したときには、最初にトレーニングをしたときよりも発達が素早く
起こるという現象が見られます。まるで筋肉がトレーニングしたときに
起こる反応を覚えていて、久しぶりにトレーニングをしてもその反応を
素早く起こさせているように思えます。この現象を「マッスルメモリ
ー」と呼んでいます。

　実は、これに似た現象が脳でも起こることが報告されています。ラッ
トに持久系の運動をさせると海馬内のBDNFが増加します（文献9）。
毎日運動させると、2週間後には明らかにその量は増加しています。2
週間毎日運動させた後に2週間運動を中断させると、海馬のBDNFは運
動前の値まで低下しますが、中断後にまた毎日運動させると、最初は
BDNFが増加するまでに2週間かかったものが、今度は2日で増加する
ことがわかりました。これを論文の著者らは「BDNFの分子記憶」と呼
んでいますが、このことは最初に運動して海馬でBDNFが増加したとい
う記憶は、運動を中断しても海馬内に記憶されていたことを示していま
す。

27

筋肉にしても、海馬のBDNFにしても、一度ある程度のトレーニング
をしておくと、その運動の記憶は分子レベルで記憶されていると考えら
れます。その観点から考えると、子どもの頃は「筋肉バカ」「脳ミソま
で筋肉」といわれようが、ある程度の運動をしておくと長い目で見た場
合に、筋肉や脳の健康にとって有利になる可能性があります。

　また、近年は大学の体育実技の授業を必修科目から選択科目に変えよ
うとする動きもありますが、成人しても強制的に運動させることによっ
て、この分子記憶が完全に消去されないようにすることも重要ではない
かと思われます。本書でもたびたび述べていますが、普段忙しくて運動
の時間が取れないという方は、健康のために通勤の帰りに一駅前で降り
て速歩で帰宅するという習慣をつけると、筋肉や呼吸・循環器系だけで
なく、脳にもいいということになります。「ウォーキング」というのは、
ケガのリスクは少なく、得られるものは大きいという、コストパフォー
マンスでいえば最高の運動といえるかと思います。

［参考文献］

1）Foreman DL et al. J Appl Physiol 40(2): 191-195, 1976.
2）Erickson KI et al. Proc Natl Acad Sci USA 108(7): 3017-3022, 2011.
3）Rola R et al. Exp Neurol 188: 316-330, 2004.
4）Kempermann G et al. Nature 386(6624): 493-495, 1997.
5）van Praag H et al. Nature Neurosci 2(3): 266-270, 1999.
6）Soya H et al. Biochem Biophys Res Commun 358: 961-967, 2007.
7）Luis J et al. J Neurosci 21(5): 1628-1634, 2001.
8）Cassilhas RC et al. Neuroscience 202: 309-317, 2012.
9）Berchtold NC et al. Neuroscience 133: 853-861, 2005.

5

運動とエピジェネティックス

少し先取りして紹介

「運動は健康にいい」といわれますが、これは間違いのない事実です。では「どのようなメカニズムで健康によいのか?」と聞かれると実は答えるのが意外に難しい質問です。運動をすると体内で様々な化学反応が起きますが、その全てが明らかになっているわけではありません。毎年、この「運動はなぜ健康によいのか?」という問いに対する回答が教科書に一項目ずつ書き加えられていっているといっても過言ではありません。

それではおそらくこれから数年以内に新たに書き加えられることになるであろう回答を、少し先取りして紹介してみたいと思います。

必ずしも遺伝子だけで決まらない

本書でも何度か紹介しましたが、われわれは皆、細胞の核の中に遺伝子を持っています。運動などの外部からの刺激は最終的に核内の遺伝子に伝わり、遺伝子の情報がコピーされることによりmRNAがつくられ（専門用語で「転写」といいます）、その情報が変換（専門用語で「翻訳」といいます）され、タンパク質がつくられます。

このタンパク質がまた核に情報を伝える役目を担ったり、身体を構成する細胞の部品になったり、細胞内で化学反応を活発化する酵素になったりします。遺伝子の配列には個人差があり、この個人差によって最終的につくられるタンパク質の一部が異なり、それが人それぞれの能力の

29

個人差にある程度の影響を及ぼしているのも事実です。しかし、たとえば運動能力で見た場合、全く同じ遺伝子を持っている一卵性双生児が、全く同じ運動能力を発揮できるかといえば、かなり近い成績にはなりますが、全く同じにはなりません。また、一卵性双生児の一人が胃ガンになったからといって、もう一人も必ず胃ガンになるかといえば、必ずしもそうでもありません。このことは、後天的に生活する環境によって徐々に生体にいろいろな変化が付加されていることを示しています。

遺伝子の機能を変える

さて、われわれが両親から受け継いだ遺伝子の配列は基本的には変えられません。確かにこれは間違いではありませんが、実はこれには少し裏技があります。もちろん遺伝子の配列を変えることはできませんが、遺伝子を修飾、つまりちょっと改造することが可能です。これをエピジェネティックス（epigenetics）といいます。

「エピ」は「外側の」といった意味で、「ジェネティックス」は「遺伝学」という意味です。つまり「エピジェネティックス」というと「遺伝学の外側」という意味になりますが、これだと初めて聞く人にはなんのことだか全く意味がわからないと思います。私自身も、自分で書いていても理解不能です。

もう少しわかりやすくいうと「塩基配列の変化を伴わない遺伝子機能の変化であり、また、その変化は細胞分裂をしても新たな細胞に継承される」という意味になります。これでも、おそらく意味が伝わらないと思いますので、身近な例を挙げてみたいと思います。

たとえば、われわれの身体の細胞は全て同じ遺伝子のセットを持っています。それは心臓であろうと肝臓であろうと、骨格筋であろうと同じ遺伝子のセットを持っています。そこで不思議に思わないでしょうか。全て同じ遺伝子を持っているのに、肝臓と骨格筋では形も機能も明らかに違います。このことは、同じ遺伝子のセットを持っていたとしても、どの遺伝子を働かせるか、休ませるかという操作によって形も機能も全く異なる組織をつくらせることができることを示しています。また、肝臓はある程度は再生できる組織ですが、肝臓が再生するときに勝手に心

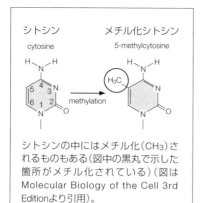

図5-1

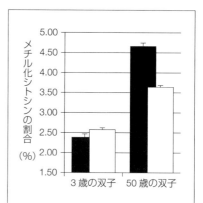

図5-2

臓になったりはしません。それは肝臓のもとになる細胞が分裂し増殖を繰り返しても、肝臓で働いている遺伝子がどれで、働いていない遺伝子がどれかという情報を継承しているからです。

以上のことは、生まれ持った遺伝子のセットは同じでも、後天的に遺伝子に細工をすることにより、遺伝子の機能に変化を引き起こせることを示しています。つまりこれが「エピジェネティックス」ということになります。

では、具体的に遺伝子にどのような変化が起きているのでしょうか。遺伝子はアデニン、グアニン、シトシン、チミンという4種類のDNAからできていることも以前（『スポーツ医科学トピックス1』）紹介しました。遺伝子には、その機能を調節するプロモーター（promoter）という領域があります。これがないとDNAからRNAへの転写が起こりません。このプロモーターに存在するシトシンがメチル化される場合があります（図5-1）。シトシンがメチル化されると正常なシトシンとは構

造が異なりますので機能が損なわれ、遺伝子の不活性化が起こることが知られています。

　また通常、DNAは核内ではヒストンというタンパク質と結合した複合体として存在していますが、このヒストンもメチル化、アセチル化、リン酸化といった修飾を受け、それによって遺伝子の活性化の程度を調節しています。このような仕組みにより、各組織ではどの遺伝子を働かせ、どの遺伝子を不活性化させるかという調節を行い、組織特異的な形や機能を獲得しています。

　このDNAのメチル化ですが、実は加齢とともに増加していくことが知られています。加齢とともに、身体の様々な機能が低下したり、また様々な病気になったりする理由のひとつは、こうしたDNAのメチル化により遺伝子の機能が低下することが関与しているとの指摘もあります。たとえば、図5-2は一卵性双生児のDNAのメチル化の程度を3歳と50歳のグループで比較したものです（文献1）。3歳ではお互いにメチル化の量はほぼ同じですが、50歳のグループでは3歳のグループより増加しており、また、兄弟姉妹間でも差があることがわかります。このことは、一卵性双生児は遺伝的にはクローンですが、生まれてからの生活習慣によって遺伝子の活性化程度には徐々に差が出てくることを示唆しています。

メチル化と生活習慣

　では、その生活習慣とは具体的にどのようなものでしょうか。これにも様々なものが知られていますが、たとえば喫煙はDNAのメチル化を増加させる可能性が指摘されています（文献2）。また、これとは逆に緑茶や運動にはDNAのメチル化を低下させる効果があることも報告されています（文献3、4）。

　持久的な運動を行うと、骨格筋は運動に適応し、脂肪を燃焼しやすくし、インスリン抵抗性が改善され、抗肥満効果も得られることが知られています。これらの適応には運動によって骨格筋内で増加するPGC-1aやPPAR-δ（デルタ）が関与していることが報告されています。

　そこで、Barrèsらは運動によってこれらの遺伝子のプロモーターのメ

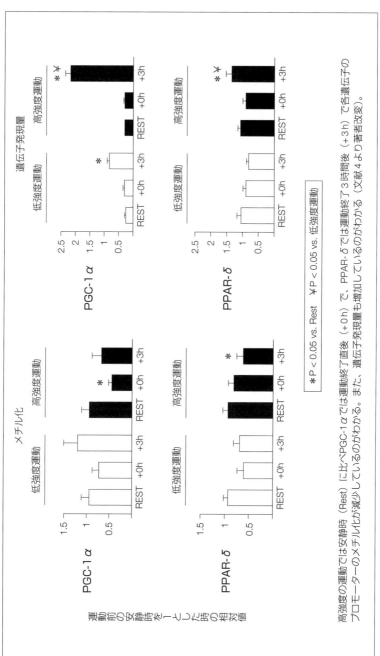

図5-3 高強度の運動では安静時（Rest）に比べPGC-1αではPGC-1αでは運動終了直後（+0h）で、PPAR-δでは運動終了3時間後（+3h）で各遺伝子のプロモーターのメチル化が減少しているのがわかる。また、遺伝子発現量も増加しているのがわかる（文献4より著者改変）。

チル化が増減するかについて検討しています（文献4）。普段あまり運動していない成人男性に軽い運動（最大酸素摂取量の40％）と高強度の運動（最大酸素摂取量の80％）で、どちらも400kcal消費するまで運動させて、運動前、運動終了直後、運動終了3時間後に脚の筋肉を採取しPGC-1αやPPAR-δの遺伝子発現量とDNAのメチル化を測定しています。その結果、高強度運動では運動終了直後ではPGC-1αのプロモーターのDNAメチル化が減少し、3時間後には遺伝子発現は10倍近くまで増加しています（図5-3）。低強度運動では、DNAメチル化の減少は起こらず、遺伝子発現の上昇は4倍程度です。PPAR-δでは、低強度運動ではDNAメチル化の減少も遺伝子発現の増加も起きませんでしたが、高強度運動ではDNAメチル化の減少と遺伝子発現の増加が認められました（図5-3）。

　生体での運動では、骨格筋は骨格筋を支配している神経の影響や、内分泌ホルモンの影響を受けますので、このDNAメチル化の減少が骨格筋の収縮そのものによって起こるのか、それ以外の要因によって起こるのか区別ができません。そこで、マウスの筋肉を単離し培養皿の中で電気刺激することにより収縮させ、神経や内分泌ホルモンの影響を除外した条件で検討したところ、このような条件でもPGC-1αやPPAR-δのプロモーターのDNAメチル化が減少することが確認されています。

　骨格筋が収縮すると、筋細胞内ではカルシウムイオンの増加や、活性酸素種の発生、エネルギー産生のためにAMPキナーゼという酵素の活性化などが同時に起こります。彼らの研究から、活性酸素種の増加やAMPキナーゼの活性化は、これらの遺伝子のプロモーターのDNAメチル化への影響はないことが明らかにされており、カルシウムイオンの増加が一部関係していることもわかりました。

　われわれの身体では、肝臓は生涯肝臓のままで、途中で勝手に腎臓や胃になったりはしません。これは、それぞれの組織でのDNAメチル化が比較的安定していることを示しています。ところが、Barrèsらの研究では遺伝子によっては運動直後に減少したDNAメチル化が、運動終了3時間後には元のレベルまで戻っていることも報告されています。

　このことは、われわれが今まで考えていた以上に、DNAのメチル化と脱メチル化がかなり柔軟に増減しうる反応であることを示していま

す。運動によって様々な遺伝子が活性化され、そのことが健康改善につながると考えられていますが、その活性化にはDNAメチル化の減少も関与していることが考えられます。運動を継続することにより、この一過性に減少するDNAメチル化がより恒久的になるのかどうかは不明ですが、今後さらに研究が進めば、近い将来には「運動はなぜ健康によいのか？」という問いに対して「運動はDNAのメチル化を減少させるから」という回答も教科書に加わるのではないかと思われます。

[参考文献]

1) Fraga MF et al. Proc Natl Acad Sci USA 102(30): 10604-10609, 2005.
2) Oka D et al. Cancer 115: 3412-3426, 2009.
3) Yuasa Y et al. Int J Cancer 124: 2677-2682, 2009.
4) Barrès R et al. Cell Metab 15: 405-411, 2012.

親の責任

子どもに対する「責任」

　皆さんは当然のことながら毎日の生活を送り、食事をしています。各人で身についた生活習慣や食習慣があることでしょう。では、その生活や食事は「誰のためにしているのでしょうか？」と問われれば、当然「自分のため」と思われるでしょう。これから生まれてくる自分の子孫のことも考えて生活習慣や食習慣を見直すという人は、なかなかいないのが現状です。

　親から子へは遺伝子は引き継がれるわけですが、これは基本的に変えることができませんので、自分の子どもに「もっといい遺伝子を継ぎたかった」といわれてもわれわれの努力ではどうしようもありません。ただ、私たちがどのような生活をするか、またどのような食事をするかというのは努力ができます。そして、われわれがどんな生活や食事をしているかによって、次世代以降になんらかの影響があるとすれば、それは「親の責任」ということになります。

生活の影響が子孫に？

　街で見かける家族を見ていると、家族の体型は割と似ています。原因としては食生活が似ているからというのが大きいと思われます。しかし、5章でエピジェネティクスの話をしましたが、近年、生活習慣や食習慣とエピジェネティクスの関係が注目されています。つまり、親の生活や食生活の影響がエピジェネティクス的に子孫に伝わるのでは

ないかと考えられています。

　たとえば、ハエの一種にショウジョウバエというのがいます。これには眼が赤い系統と白い系統がいます。基本は赤眼なのですが、これは赤色色素を合成するwhite遺伝子という遺伝子が作用しているからです。白眼系統のハエではこの遺伝子が不活性化されています。white遺伝子の不活性化にはATF-2というタンパク質が関与していますが、ハエの卵に熱を加えてストレスを与えるとATF-2が不活性化され、white遺伝子が活性化できるようになり、生まれてくるハエの眼が赤眼になることがわかりました（文献1）。これだけなら、生まれてくる前の卵に直接ストレスを与えていますので、このような変化があってもとくに驚くことではありませんが、この赤眼で生まれてきたハエの次の世代の子どもを調べると、今度は卵に熱を加えていないにもかかわらず、子どもも赤眼になることがわかりました。ただ、その次の世代ではまた白眼に戻りました。

　そこで、今度は2世代にわたって熱ストレスを加えると、子どもの2世代後まで赤眼になることがわかりました（図6-1）。このことは、人

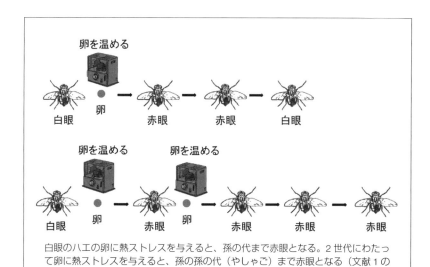

白眼のハエの卵に熱ストレスを与えると、孫の代まで赤眼となる。2世代にわたって卵に熱ストレスを与えると、孫の孫の代（やしゃご）まで赤眼となる（文献1のデータより著者作成）。

図6-1

間でたとえると、自分が妊娠しているときになんらかのストレスを受けて遺伝子発現に変化があると（DNA配列の変化は伴わない）、その遺伝子発現変化の影響は子どもと孫に影響し、自分と子どもが2世代にわたって妊娠しているときにストレスを受けると、その影響は孫の孫の代（自分から見たら玄孫児）の世代まで遺伝子発現の変化の影響が残る可能性を示唆しています。

妊娠中の母親の食事

よく、妊娠中の女性では「つわり」の影響で通常食を受けつけず、ジャンクフードなら食べられるので、ジャンクフードばかり食べて胎児への影響を気にされる方がいます。なかなかはっきりと断言はできないのですが、これについてはいくつか動物実験がされています。

たとえば、Ongらは妊娠中のラットの餌をジャンクフードにした場合、生まれてきた子どもは通常の餌よりジャンクフードを好むようになったと報告しています（文献2）。また、ジャンクフードばかり食べていたメスのラットから生まれた子どもは、通常の餌を食べていたラットの子どもより、生まれてから離乳するまでの間は体脂肪量が多かったと報告しています。Sunらはラットを用いた実験で、妊娠中よりもむしろ授乳中に高脂肪食を食べると、母乳中の脂肪濃度は変わらないにもかかわらず、子どもラットの脂肪蓄積が多くなることを報告しています（文献3）。これらのことは、直接栄養のやりとりをしている母親と子どもの関係ですから、母親の生活習慣や食生活が血液を介して子どもになんらかの影響を与えても不思議ではありません。

父親の食生活の影響

では、男性の影響はどうでしょうか。仮に男性の食生活が自分の子孫になんらかの影響があるのであれば、それは血液のやり取りによらない情報の伝達が次世代に起こり得ることになります。

Kattiらはヒトの疫学調査において幼少時に暴飲暴食をした男性では、その孫の糖尿病による死亡率が、暴飲暴食をしていない男性の孫と比べ

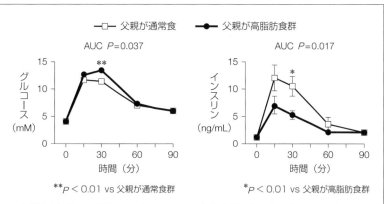

図6-2

約4倍高いことを報告しています（文献4）。Caroneらはマウスを用いた興味深い研究を報告しています（文献5）。まず、2群のオスのマウスを、一方は低タンパク質食で、もう一方は通常食で飼育します。その後、成熟した後に、通常食で飼育したメスと交配させ、生まれてきた子どもを解析しました。その結果、父親が低タンパク質食の場合、子どもの肝臓では脂肪やコレステロールの合成に作用する遺伝子群の発現が高まっていることを報告しています。また、ゲノムDNAのメチル化を調べると通常食の子どもと比べ、全体的にメチル化のパターンに若干の違いが観察されることを報告しています。このことは、父親の食生活がDNA配列の変化を伴わない形で、子どもになんらかの影響を及ぼすことを示唆しています。

　Ngらはオスのラットに高脂肪食を与え肥満にし、その後、通常食のメスと交配させ、その子どもへの影響を検討しました（文献6）。その結果、メスの子ども（娘）では糖負荷試験を行ったところ、インスリン分泌が損なわれることがわかりました（図6-2）。また膵臓における膵

島が占める面積も小さくなっており、インスリンを分泌するβ細胞も小さくなる傾向が認められました。このことは、父親の食生活が娘の膵臓機能に影響を与える可能性を示唆しています。

頭の片隅に

　両親のどちらかの肥満は子どもの肥満の独立した危険因子になることは以前から知られています（文献7）。親子ですから生活や食生活の習慣が似ていることも大きな理由であることは間違いありませんが、親の生活、食生活により獲得された遺伝子発現パターンが、DNA配列の変化を伴わない形（エピジェネティックス）で次世代に継承されている可能性も否定できません。「獲得形質は遺伝するか？」というのは現在では否定的ですが（注）、多少なりとも影響を与える可能性はあります。近年の研究から、自分たちがどのような生活をするかということが、子孫にも少なからず影響する可能性があるということを頭の片隅に置いて日々を過ごしたいものです。

注：獲得形質の遺伝とは、ある個体が得た形質（獲得形質）がその子孫にも遺伝するという考え方。極端な例を挙げると、ある人が一生懸命英会話の勉強をして英語が話せるようになった場合、その子どもが英会話の勉強をしなくても英会話ができる能力を引き継ぐという考え方。現在のところ「獲得形質は遺伝しない」という考え方が主流ですが、最近Rechavi O et al.らは、線虫において獲得形質は遺伝するかもしれないという報告をしています（文献8）。ヒトでの英会話の例のようなあからさまな獲得形質の遺伝は起こらないと考えられますが、分子レベルでの獲得形質の遺伝は起こり得る可能性は否定できません。今後の研究の発展が期待される分野です。

[参考文献]

1) Seong K et al. Cell 145: 1049-1061, 2011.
2) Ong ZY and Muhlhausler BS. FASEB J 25: 2167-2179, 2011.
3) Sun B et al. Diabetes 61 (11): 2833-2841, 2012.
4) Katti G et al. Eur J Human Genet 10: 682-688, 2002.
5) Carone BR et al. Cell 143: 1084-1096, 2010.
6) Ng SF et al. Nature 467: 963-967, 2010.
7) Whitaker RC et al. N Engl J Med 337: 869-873, 1997.
8) Rechavi O et al. Cell 6: 1248-1256, 2011.

新生活前の憂鬱
トレーニング中断への恐怖

中断の影響

　競技スポーツ選手の中には、新年度を迎えるときに、進学や就職で引っ越しなどをし、日々の練習を少しの期間中断せざるを得ない方もおられるかと思います。その際、トレーニングの中断により身体能力がどの程度低下するのか、また、その低下を取り戻すのにはどれぐらいの期間必要なのかは気になるところです。では、トレーニングの中断と再開について、これまで報告されている研究を紹介したいと思います。

中断による低下の程度

　以前、ボディービルディング競技をしているある選手と話したときに、「お盆や、正月休みにトレーニングジムが1週間ほど休館になると、営業している他のジムを探してトレーニングをしています」という体験談を聞いたことがあります。競技に真剣になればなるほど、1週間どころか1日でもトレーニングを休みたくないという気持ちは、十分に理解できます。
　では、たとえば筋力や筋肉量というのは、トレーニングの中断によりどの程度低下するものなのでしょうか。極端な例では、宇宙飛行士の宇宙滞在は究極のトレーニング中断といえるでしょう。宇宙では無重力ですから地上にいるほど筋肉に大きな負荷がかかりません。このような場合、下肢の筋肉は1日に約1％萎縮します（図7-1、文献1）。また、地球に帰還した後、萎縮した筋肉が戻るときは1週間で約1％肥大してい

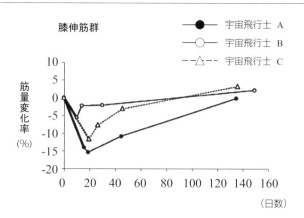

宇宙に滞在すると膝伸筋群で1日あたり約1％萎縮する。宇宙飛行士Aは14日間、宇宙飛行士Bは8日間、宇宙飛行士Cは15日間宇宙に滞在した。
また、地球に帰還後、萎縮した筋肉は徐々に回復していくが、1週間あたり1％程度の速さである（文献1より著者改変）。

図7-1

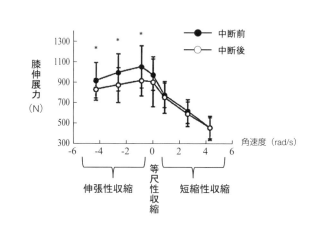

14日間のトレーニング中断後、膝伸展力を測定すると短縮性、等尺性収縮では変化がないが、伸張性収縮では低下していることがわかる（文献2より著者改変）。
*P < 0.05 vs 中断後

図7-2

きます。つまり、宇宙に3日間行くと萎縮した筋肉が元のレベルまで回復するのに3週間程度かかることになります。おそらく1日に1%萎縮するというのが人間に起こり得る最大値であると思われます。

スポーツ選手では、トレーニング中断といっても無重力になるわけではありませんし、日常生活もしますので、萎縮の程度は当然これ以下になると考えられます。Hortobágyiらはパワー系アスリートが14日間トレーニングを中断した際の筋力や筋量の変化について報告しています（文献2）。

被験者は男性で平均年齢は24.4歳、身長181.1cm、体重は88.6kgです。トレーニング中断前のベンチプレスとスクワットの最大挙上重量はそれぞれ134kgと192kgですので、割とトレーニングを積んでいるといえるかと思います。

14日間のトレーニング中断後、ベンチプレスとスクワットの最大挙上重量は変化がありませんでした。ただし、筋バイオプシーをして筋線維タイプごとの筋線維断面積を調べると、遅筋線維は統計的に有意な変化は認められませんでしたが、速筋線維では6.4%の筋線維断面積の減少が見られました。また、膝伸展力を様々なスピードで測定すると、等尺性と短縮性収縮では変化がありませんでしたが、伸張性収縮では筋力の低下が見られました（図7-2）。

このことは、14日間のトレーニング中断で最大挙上重量では統計的に有意な低下は認められませんでしたが、形態的には筋萎縮が多少なりとも起きていること、また、伸張性収縮では筋力低下を示すことから、もしかしたらスクワットのしゃがむ局面では、重量がいつもより重たく感じたりするかもしれません。

その他の研究を見ると、トレーニングを中断すると最初の1カ月間ほどは筋量と筋力はともに低下していき、それ以降は下げ止まり傾向を示し、低下の程度は緩くなるようです。ただこれは皆さんが、トレーニングを短期間中断したときにすでに実感されていることだと思います。

断続的なトレーニングの効果は

一方でこのようなことも経験されているのではないでしょうか。1）

トレーニングを継続して行っていると、初心者の頃に得られたような筋量と筋力の向上がだんだん見られなくなってくる、2) 短期間トレーニングを中断して低下した筋量と筋力は、トレーニングを再開すると比較的早く回復する。

　この2つの事実を併せて考えるとひとつの面白い仮説が浮かび上がります。つまり、継続してトレーニングをしていると、得られるトレーニング効果が減弱するのであれば、計画的に短期間のトレーニングの中断を挟み断続的にトレーニングをすれば、たとえトレーニング中断期に筋量と筋力が多少低下したとしても、最終的にある筋量や筋力に到達するまでに必要な期間は、継続的にトレーニングした場合と変わらないのではないかというわけです（図7-3）。

　最近、この仮説を検証した興味深い研究が報告されましたので紹介したいと思います（文献3）。被験者は少なくとも過去2年間はトレーニング経験のない成人男性（平均年齢25歳）で、彼らにベンチプレスを最大挙上重量の75％の負荷で1セット×10回を3セット、週3回の頻度で行わせました。実験群は2群で、一方は24週間継続してトレーニングを

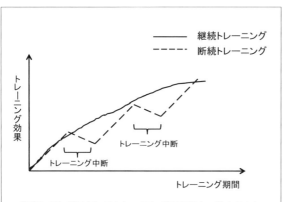

継続してレジスタンストレーニングを行うと、徐々にトレーニング効果が減弱してくることが知られている。また、しばらくトレーニングを中断して筋量、筋力が低下しても、トレーニングを再開すると元のレベルまで戻るのは早いことも知られている。このことから、最終的に得られるトレーニング効果は、継続的にトレーニングをしようが、短期の中断を挟もうが変わらない可能性がある。

図7-3

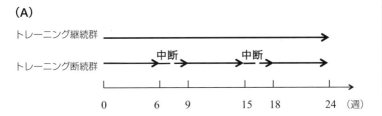

トレーニング継続群は24週間継続してベンチプレスのトレーニングを行い、トレーニング断続群は、6週間継続してトレーニングを行い3週間の中断を挟むという断続的トレーニングを行った。

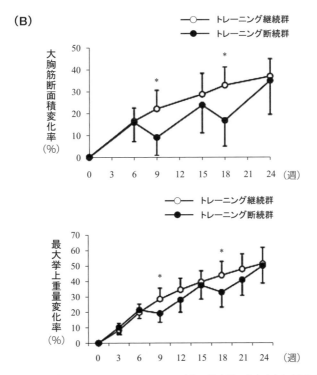

トレーニングの中断を挟むことにより、一時的に筋肉量、筋力ともに低下するが、24週間のトレーニング期間全体で見ると、最終的に到達するレベルはトレーニングを継続して行っても、中断を挟んでも変わらない（文献3より著者改変）。
*P < 0.05 vs トレーニング断続群

図7-4

行い、もう一方は6週間トレーニングしたら3週間トレーニングを中断するというサイクルを、トレーニング開始後24週になるまで繰り返しました（図7-4A）。その結果、トレーニング継続群は筋量、筋力ともに初期は非常に増加し、トレーニング開始から2カ月を経過した頃から伸びが緩やかになるという結果が得られました（図7-4B）。

一方、トレーニングの中断を挟む群では、3週間のトレーニング中断により筋量と筋力の低下が起こりますが、トレーニングを再開すると初期の頃と変わらないトレーニング効果が得られ、トレーニング再開6週間後には、継続群に追いつきます（図7-4B）。最終的に24週間後では、両群とも筋量、筋力ともに違いがないことが報告されています。

効率を求めるヒントに

この知見はわれわれに様々なことを問いかけます。つまり、たとえば競技スポーツの場合は試合日程はあらかじめ決まっているわけですので、その日に筋力が最大であればいいとも考えられます。そうであるならば、レジスタンストレーニングは毎週継続的に行わず、たとえばこの研究のように6週間行って意図的に3週間中断し、その間はより技術練習などの比重を高め、またレジスタンストレーニングを再開すれば、ある程度の期間で継続してレジスタンストレーニングをしていた人に、筋力も筋量も追いつけるわけです。

全体で考えた場合に少ないトレーニング回数で同じ効果が得られるのであれば、これは非常に効率のいいスケジュールの組み方であるともいえます。また、このデータから読み取れることは、短期間のトレーニング中断で落ちた筋量や筋力はトレーニング再開後、中断した期間と同じぐらいの時間で戻るということです。このことから、新年度の引っ越しなどで2～3週間程度レジスタンストレーニングを中断しても、トレーニングを再開すれば2～3週間程度で元のレベルまで回復し、再開6週間後ぐらいには、継続してトレーニングを行っていた場合に得られたであろう筋量と筋力になると思われます。

筋量と筋力に関しては、短期間のトレーニング中断であればあまり気にする必要はないと考えられます。全身持久力に関しては、筋量や筋力

よりもトレーニング中断により大きく低下することが知られています。実は全身持久力に関しては、トレーニングを再開して元のレベルまで回復するのにどの程度の期間が必要か、また、レジスタンストレーニングのように中断を挟んで一時的に全身持久力が落ちたとしても、最終的にある地点まで到達できる期間に差がないのかというのは、私が調べた限りでは、そのような研究報告はなく不明です。今後は、全身持久力でも同じような現象が起こるのかといった研究に興味が持たれます。

[参考文献]

1）Akima H et al. Med Sci Sports Exerc 32(10): 1743-1747, 2000.
2）Hortobágyi T et al. Med Sci Sports Exerc 25(8): 929-935, 1993.
3）Ogasawara R et al. Eur J Appl Physiol（DOI 10.1007/s00421-012-2511-9）

8 抗酸化サプリメント再考（2）

過剰摂取しがちな抗酸化物質

『スポーツ医科学トピックス1』では「抗酸化サプリメント再考」と題して、抗酸化物質の過剰摂取は運動によるトレーニング効果獲得の妨げになるのではないかという内容を紹介しました。要約しますと、運動によって骨格筋内では活性酸素種（ROS）の産生が増加します。ROSは生体内のタンパク質や脂質、DNAを酸化させる作用を持ち、過剰なROSは

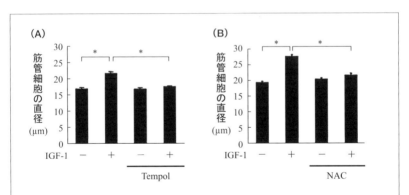

培養筋管細胞にIGF-1（100ng/mL）を加えると（AとBのそれぞれ左から2番目の棒）、IGF-1を加えない場合（AとBのそれぞれ一番左の棒）と比べ有意に肥大する。次に、培養筋管細胞にIGF-1と抗酸化物質であるTempol（A）とNAC（B）を同時に加えて検討すると（AとBのそれぞれ一番右）、IGF-1を添加したにもかかわらず肥大が見られない。（A）と（B）の図の右から2番目の棒はIGF-1を添加せずに抗酸化物質のTempolとNACをそれぞれ添加した群を示す（文献1より著者改変）。

図 8-1

様々な疾病を引き起こす可能性があります。そこで、運動前や後にビタミンCなどの抗酸化サプリメントを摂取し、身体をROSの害から守ろうという考え方があります。とくにビタミンCは水溶性物質ということもあり、たとえ過剰に摂取しても尿から体外に排出されるため「足りないよりは多めに摂取しておいたほうが無難だろう」という意識が働き、過剰摂取になりがちです。

　ところが近年、ROSには身体に害を与える作用だけではなく、細胞内で運動効果を得るための情報伝達物質としての重要な働きがあることがわかってきました。そのため、持久的な運動と併せて大量の抗酸化物質を摂取すると、本来得られるはずのトレーニング効果が得られなくなるという研究結果が報告されるようになってきました。このような理由から、抗酸化サプリメントが健康にとって必須であることは間違いないものの、やはりそこには適量というものがあり、過剰摂取は控えるほうがいいのではないかという内容を紹介しました。

抗酸化物質の影響

　持久的な運動によって生体は大量の酸素を取り込み、それに比例してROSの産生も増加することから、当時は持久的トレーニングと抗酸化物質の関係についての研究のみが行われていました。しかし、どのような運動でもROSの産生増加はある程度起こるため、当然レジスタンストレーニングでのトレーニング効果にも抗酸化物質の過剰摂取が影響を及ぼす可能性が考えられます。骨格筋肥大を引き起こす因子にIGF-1という成長因子があります。レジスタンストレーニングをすると筋細胞内でIGF-1が増加し、様々な細胞内情報伝達系を活性化させ、筋肥大を引き起こします。たとえば、骨格筋のもとになる細胞に筋管細胞がありますが、培養筋管細胞にIGF-1を添加すると筋管細胞が肥大し、同時に抗酸化物質を添加するとその肥大が抑制されることが報告されています（図8-1、文献1）。

　IGF-1が生体内で作用するときにはIGF-1が細胞表面に存在するIGF-1の受容体に結合し、IGF-1受容体を活性化（リン酸化）させる必要があります。培養筋管細胞にIGF-1を添加すると受容体のリン酸化が

起こりますが、同時にROSの1つである過酸化水素を添加すると受容体のリン酸化がさらに高まり、逆に抗酸化物質の添加によりこのリン酸化が抑制されることも報告されています（文献1）。これらの結果は、骨格筋肥大作用のあるIGF-1はROSと協働することにより、その受容体のリン酸化を促進すること、また、抗酸化物質の存在はIGF-1の作用を弱めることを示しています。以上のことから考えると、過剰な抗酸化物質の存在は力学的刺激による骨格筋肥大も抑制する可能性があります。

筋肥大を抑制するか

　そこで、われわれはこの仮説を検証するために実験動物を用いてビタミンCの過剰摂取が、力学的刺激による骨格筋肥大を抑制するかどうかを検討しました（文献2）。

　力学的ストレスを骨格筋に与えて筋肥大させる実験モデルとして研究分野でよく用いられるのは「代償性肥大モデル」という方法です。ラットの下腿にはヒラメ筋、腓腹筋、足底筋という筋肉がありますが、このうちヒラメ筋と腓腹筋を外科手術により切除します。そうすると、日常生活では残った足底筋に大きな負荷がかかりますので、足底筋が肥大することになります。この「代償性肥大モデル」をわれわれの研究でも用いました。

　先行研究では、この手術により2週間ほどで筋肉が1.5倍程度まで肥大することが知られています。この肥大を、抗酸化物質であるビタミンCの過剰投与により抑制できるかどうかを検討しました。ビタミンCは1日1回、体重1kgあたり500mgを毎日経口投与で摂取させました。ヒトに換算すると1日5g程度の摂取になります。手術後2週間ではビタミンCを過剰摂取させていない群では先行研究と同様に1.5倍まで肥大しましたが、ビタミンCを過剰投与すると肥大率は1.4倍程度と、統計的に有意にその肥大率は低下することがわかりました。

　この代償性肥大モデルは2週間で筋肉を1.5倍まで肥大させるという強烈な肥大効果があります。その強烈な肥大作用に10％弱とはいえブレーキをかけるというのは相当な作用とも考えられます。

　では、なぜビタミンCの過剰摂取には筋肥大抑制効果があるのでしょ

うか。骨格筋肥大に関与する細胞内情報伝達系の因子にErk1/2やp70s6kといったタンパク質が知られています。骨格筋に力学的な過負荷刺激が課されると、これらのタンパク質が活性化（リン酸化）し、最終的には筋タンパク質合成が増加します。「代償性肥大モデル」でもこれらの因子のリン酸化増大が認められますが、ビタミンCによりこのリン酸化の程度が減弱することがわかりました。また、筋肥大は筋タンパク質合成の増加だけではなく、筋タンパク質分解の減少といった両面の作用によって生じます。

　たとえば、筋タンパク質分解に関与するatrogin-1というタンパク質がありますが、筋肥大促進因子であるIGF-1を培養筋管細胞に添加するとatrogin-1遺伝子発現が減少すること（筋タンパク質分解が抑制されることになる）、IGF-1と抗酸化物質を同時に添加するとatrogin-1の発現減

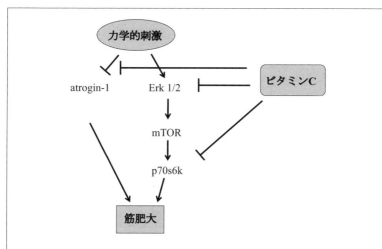

骨格筋への力学的刺激は筋タンパク質合成を促進させる因子であるErk1/2やP70s6kのリン酸化を引き起こすが、ビタミンCはこの経路を阻害する作用があると考えられる。また、筋肥大時には筋タンパク質分解に関与するatrogin-1の減少が見られ、筋タンパク質分解の抑制も起こる。ビタミンCは力学的刺激によるatrogin-1の減少を抑制する作用があると考えられる。ただし、ビタミンCがこれらの因子に直接的に作用するのか、他の因子を介して間接的に作用するのかは不明である（文献2のデータより著者作図）。
＊矢印は「促進」をT字は「抑制」の作用を示す。

図8-2

少が見られないことが報告されています（文献1）。このatrogin-1は筋タンパク質の分解促進だけではなく、筋タンパク質合成抑制にも関与していることが指摘されています（文献3）。

　われわれの研究でも、このatrogin-1のタンパク質レベルでの発現量を調べてみると、通常の代償性肥大では有意に減少しましたが、ビタミンCを過剰摂取させると有意な減少が見られないことがわかりました。このような結果から、ビタミンCの過剰摂取は筋タンパク質合成系と分解系の両方の因子に影響を与え、力学的刺激による筋肥大効果を減弱すると考えられます（図8-2）。

　何度も繰り返しになりますが、ビタミンCをはじめとした抗酸化物質が健康に必須であることは間違いありません。ただし、その摂取が多ければ多いほどいいかといえば、必ずしもそうではないと考えられます。水溶性の物質は過剰摂取しても尿から排出され体内に長く蓄積されることはありませんが、体外に排出されるまでの短期間は体内を巡っているわけです。サプリメントを摂取する際には、「本当にそれだけの量を摂取する必要があるのか？」ということは身体のためにも、お財布のためにも常に頭に入れておきたいものです。

［参考文献］

1) Handayaningsih AE et al. Endocrinology 152(3): 912-921, 2011.
2) Makanae Y et al. Acta Physiol 208: 57-65, 2013.
3) Wang H et al. Diabetes 59: 1879-1889, 2010.

骨格筋肥大のメカニズム
掛け持ちする遺伝子

研究は驚きの連続

　筋力トレーニングをすると筋肉が強く大きくなるということに疑問を持つ人はいないでしょう。では「そのメカニズムは？」と問われると、これまでに世界中で数多くの研究者が長い年月と多額の研究費を投じて研究を行ってきましたが、未だにその全貌が明らかになっておらず「これがメカニズムの全てです」と示すことができません。普段、研究に接しておられない方々から見ると、それは研究者が怠慢なのではないかと思われるかもしれません。しかし、多くの研究者が精力的に日々研究しても尽きることなく様々な発見があり「そんなメカニズムも隠されていたのか！」と驚きの連続です。では、最近新たにわかってきた筋肥大のメカニズムの一端を紹介してみたいと思います。

遺伝子の使い分け

　ヒトの細胞の中には約10万種類のタンパク質があるといわれています。タンパク質の設計図は遺伝子に記されていますので、昔は遺伝子も10万種類ぐらいあると思われていました。ところが、ヒトのゲノムDNAを全部解読するというヒトゲノム計画が2003年に一応の終了を迎えると、どうやらヒトの遺伝子は2万2000種類前後ということが判明しました。このことから、1つの遺伝子から複数のタンパク質がつくられていると考えるのが自然です。細胞がタンパク質をつくるときは、最初にゲノムDNAの中にある遺伝子からRNAが合成されます。このRNAの中からタンパク

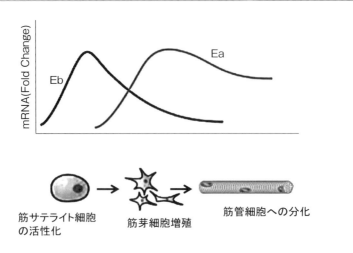

筋再生での IGF-1 Eb と Ea の役割分担モデル
筋損傷（トレーニングによる筋損傷も含む）が起こると、筋サテライト細胞が活性化され増殖し、一部が筋芽細胞となり増殖する。この局面では IGF-1 Eb（げっ歯類の場合。ヒトの場合は IGF-1 Ec）がこの反応に関与し、その後、増殖した筋芽細胞が融合し筋管細胞へと分化するときには、IGF-1 Ea が働くというモデルが提唱されている。ただし、必ずしもこのように明確に作用が分離しているわけではないとの報告もある（図は文献 1 より著者改変）。

図 9-1

質合成に必要な情報だけが切り取られます。この切り取られたRNAをmRNA（メッセンジャー RNA）と呼び、この情報からタンパク質が合成されます。

　生物ではRNAからmRNAを切り取るときに、異なった切り取り方をして、同じRNAから数種類のmRNAをつくる場合があります。この機構をalternative splicingと呼び、異なるmRNAをsplice variantと呼んでいます。またこれとは別に、1つの遺伝子に複数のプロモーターが存在し、そのプロモーター（注1）を使い分けることにより数種類のRNAを合成し、複数のタンパク質をつくる方法も知られています。

　喩え話で説明すると、遺伝子全体を6両編成の電車だとイメージして下さい。あるプロモーターが使われた場合、1、2、3両目がRNAへとコピーされますが、別のプロモーターが使われると4、5、6両目がRNAへ

とコピーされる感じです。このようにすれば、1種類の電車から複数の組み合わせ（タンパク質）をつくることが可能になります。この電車の例でいうと、splice variantはとりあえず6両全てをコピーした後にいろいろな組み合わせをつくるというイメージになります。

IGF-1を例に

　筋肉の研究分野でよく知られている物質にIGF-1という成長因子があります。本書でもたびたび出てきていますので、ご存知の方も多いかと思いますが、IGF-1には筋肉を肥大させる効果があります。また、このIGF-1にはいくつかのsplice variantが存在することが知られています。

　たとえば、普段はほとんど存在していませんが、筋肉に力学的な刺激を与えると（たとえば、ストレッチ刺激やレジスタンストレーニングのような刺激）、ヒトでは筋組織中にIGF-1の中でもIGF-1 Ecと呼ばれるsplice variantが増加してきます（注2）。筋組織で発現しているIGF-1のsplice variantには、IGF-1 Eaと呼ばれるものも存在していることが知られています。これらそれぞれの筋組織での作用は、図9-1のようなモデルが提唱されています（文献1）。たとえば筋肉が損傷して修復される際には筋線維のもとになる筋サテライト細胞が活性化、増殖し、その一部が筋芽細胞となり増殖し、その後、筋管細胞に分化し、新たな筋線維となるわけです。ですが、IGF-1 Ecはこの筋サテライト細胞の活性化と増殖、筋芽細胞の増殖に作用し、IGF-1 Eaは増殖した筋芽細胞が融合し筋管細胞へと分化するのに必要であるという考え方です。つまり、同じIGF-1遺伝子から合成されたIGF-1のsplice variantが、筋再生の異なる局面で異なる作用をしているという考え方です。

　ただし、必ずしも両者の役割が明確に分かれているわけではないとの研究報告もあり（文献2）、本当に明確な役割分担があるのかどうかは今後のさらなる研究が待たれます。ただ、どちらのsplice variantも単独で骨格筋肥大を起こすことができることから、IGF-1という遺伝子は1つの遺伝子から複数のタンパク質が合成されるものの、その作用は一貫して筋肥大を引き起こす遺伝子であるといえます。

作用が異なるタンパク質も

　これとは異なり、1つの遺伝子から合成された複数のタンパク質がそれぞれ全く異なる作用をする場合もあります。たとえば、PGC-1 αという遺伝子があります。PGC-1 α遺伝子からは4種類のタンパク質が合成され、それぞれPGC-1 α1、PGC-1 α2、PGC-1 α3、PGC-1 α4と呼ばれています。持久的な運動をした場合にはPGC-1 α1タンパク質が筋肉内で増加し、ミトコンドリアの増殖や筋線維の遅筋化、毛細血管増殖といった筋肉の持久能力を高める適応に関与していることが知られています（文献3）。

　一方、レジスタンストレーニングのような筋肉に大きな力学的刺激が加わるような運動をした場合、PGC-1 α4が増加してきます。PGC-1 α4は骨格筋肥大作用のあるIGF-1を増加させ、また、筋肥大抑制因子であるマイオスタチンを減少させる作用があることが知られています（文献4）。PGC-1 α4を骨格筋内で多くつくれるようにしたマウスでは通常のマウスに比べ12%程度筋肥大し、筋力も20%程度増加します（図9-2）。

　このように、生物は持久能力を向上させるためのタンパク質と、筋肥大を起こさせるタンパク質と、互いに全く作用が異なるタンパク質を1つの遺伝子からつくり出すことができるわけです。ヒトを対象としたトレーニング実験では、持久的な運動ではPGC-1 α4の発現量が高まらないことから、やはり筋肉を肥大させるためには、それなりの負荷を筋肉に与えるトレーニングをする必要があることを示唆しています。

　これまで、もっぱら持久能力に関係しているだけだと思われていた遺伝子が、実は筋肥大にも関係しているというのは大変な驚きです。骨格筋肥大の研究分野では、おそらく今後も、1つの遺伝子から全く作用の異なる複数のタンパク質をつくる遺伝子が発見されることでしょう。骨格筋肥大のこのような複雑なシステムが明らかになるたびに「筋肉ってすごい！」と自分の筋肉を見つめながら呟いてしまいます。

注1　遺伝子には、遺伝子から合成されるRNA量を調節するために働く司令塔（調節領域）があります。この調節領域をプロモーターといいます。
注2　ラットなどのげっ歯類ではIGF-1 Ebと呼ばれています。げっ歯類のIGF-1 EbとヒトのIGF-1 EcをMGF（mechano-growth factor）と呼ぶ場合もあります。

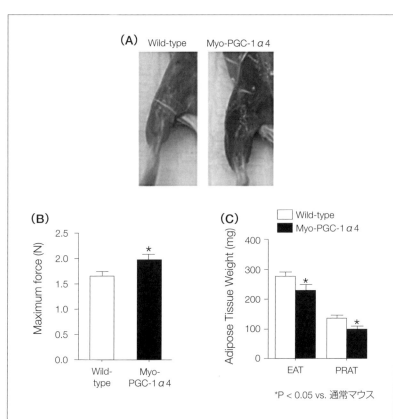

図9-2

PGC-1α4を筋肉で多くつくれるようにしたマウスでは（写真Aの右側）、通常のマウス（写真Aの左側）より12％程度肥大する（写真はマウスの後肢）。
また、筋力も通常のマウス（図Bの左側）よりも20％程度強くなる。体脂肪も通常のマウス（図Cの白棒）よりも減少し、PGC-1α4を体内で多くつくれるようにしただけで、特別なトレーニングをすることなくアスリートマウスとなる（文献4）。
図CのEATは精巣上体脂肪組織、PRATは腎周囲脂肪組織という意味。マウスでは、この2カ所の脂肪量は全身の脂肪量を反映している。

[参考文献]

1) Matheny RW et al. Endocrinology 151(3): 865-875, 2010.
2) Barton ER. J Appl Physiol 100: 1778-1784, 2006.
3) Arany Z. Curr Opin Genet Dev 18: 426-434, 2008.
4) Ruas JL et al. Cell 151: 1319-1331, 2012.

スポーツ医科学の情報源
そのお話、どこで誰からお聞きになりました？

正しいのか、と考えていますか

　本書の読者の多くはおそらくスポーツ競技の指導者や選手の方々なのではないでしょうか。選手であれば少しでも上達したい、指導者であれば、少しでも早く選手を強くしてあげたいとの想いで、様々な情報源から最新の情報を入手して勉強しておられることと思います。その一環として『トレーニング・ジャーナル』誌にも目を通しておられるのだと思います。では「読んでいる雑誌や本に記載されていることは正しいのか？」と常に考えながら読んでおられるでしょうか。また、考えているという場合、何を基準に正しいか間違いであるかを判断しているのでしょうか。おそらく、自らの実体験などと照らし合わせて考えたり、記事を執筆している人の肩書や経歴を参照したり、また、記述内容は主観ではなく学術論文としてすでに発表された由緒正しい（？）情報をもとに客観的に書かれているかどうかなど、様々な点を考慮して判断されているのではないでしょうか。

　これらの判断基準の中でも影響が大きいのは、「執筆者が誰か？」ということではないでしょうか。誤解を恐れずにいえば、全く無名の人が書いた記事よりも、知名度のあるその分野の大学の教授が書いた記事のほうが信用されるのが一般的です。

　では、その大学教授自身の情報源はどこなのでしょうか。普通は査読（審査）のある学術誌に掲載されている学術論文となります。私自身も記事を執筆するにあたり、その情報源はこれらの学術誌になりますし、記事の最後にも参考にした文献を記載しています。一般の方は「研究者

が学術論文のデータをもとに執筆した記事なのだから内容は正しいのだろう」という無意識の意識が働くものと思われます。そこでこのような思い込みがいかに危険かについて、事例を挙げながら紹介してみたいと思います。

再現できない基礎データ

　審査のある学術論文を参考にするのは研究者ばかりではありません。たとえば製薬会社が新規薬剤を開発する際にも学術論文を参考にします。薬剤の場合は、投与した薬剤とわれわれの体内にある物質が相互作用をすることによって効果を発揮しますので、体内のどの物質を薬剤の標的にするかといった情報を学術論文から得ることは重要です。そうしてつくられた薬剤を臨床試験に用います。

　臨床試験にはフェーズ1から4まであり、実際に病気に効果があるかという試験はフェーズ2からになりますが、このフェーズ2の成功率が年々低下していることが報告されています（文献1）。この低下の理由のひとつに、参考にしている学術論文のデータの信頼性が挙げられています。つまり、ある学術論文に「この病気の発症にはこのタンパク質の増加が関与している」というデータがあった場合、製薬会社は「では、そのタンパク質の増加を阻害する薬剤を開発しよう」と考えるわけです。ところが、そのタンパク質の増加を確かに阻害しても病気の発症を全く抑えられないという結果になる場合があります。

　そこで、ドイツの製薬会社であるバイエル（Bayer）社は、ガン研究分野を中心に67報の学術論文を選び、論文で示されているデータが自社で再現できるかを検討しました。その結果、完全に再現できるものが14報（21％）、主要データが再現できるものが5報（7％）という結果でした（文献2）。つまり、約3分の2の論文はデータが再現できないということです。再現できない基礎データをもとに薬剤の開発を行っても効果があるわけがありません。これとは別に、米国の製薬会社であるアムジェン（Amgen）社も、ガン研究分野の論文53報を選び、自社で再現できるかを検討したところ、データの再現性を確認できたものが6報（11％）であったことを報告しています（文献3）。

これらの報告から考えると、医科学の分野で発表される「科学デー
タ」といわれるものの7～9割は信頼性に疑問符がつくとも考えられま
す。では、なぜこのようなことが起こるのでしょうか。たとえば、作
為、不作為は別にして統計処理方法の間違いや、作為的に不都合なデー
タを排除して論文にしているのではないかといったことが指摘されてい
ます。つまり、いろいろな局面で少しずつ真実が捻じ曲げられている可
能性があるということです。

一度考えてみる

　近年、本邦でもステルスマーケティング（ステマ）という言葉が一般
的になっています。芸能人とオークション会社の問題が取り上げられた
りしたこともあり、皆さんも「ステマ」という言葉を一度ぐらいは耳に
したことがあるかと思います。実は、研究分野でもこのような事例はた
びたび問題になります。事例を挙げますと、米国に某製薬会社（ここで
はW社とします）がありました（現在は他社に買収されています）。数
年前にこのW社は閉経後の女性へのホルモン補充療法剤を販売していま
したが、このような治療により乳ガンになったという問題で訴えられま
した。その裁判の過程で明らかになった点として、このW社は医療系広
報会社（ここではD社とします）に金銭を支払い、ホルモン補充療法の
有用性を強調し、デメリットを過小評価する総説論文を多数執筆させ、
その著者に医学者を連ねるという手法を取っていました。つまり、D社
がゴーストライターとしてW社に有利な論文を執筆し、著者には著名な
医学者を連ねさせるという手法です。医学者の名義借りの業務もD社が
請け負っていました。このような手法で1997～2003年に20報以上の論
文を学術誌に発表していました。論文1報あたりの支払いは当初は
20000ドルで、のちに25000ドルになったようです（文献4）。

　おそらく読者の皆さんの常識からすると、研究業界もこれほどまでに
荒んでいるのかと感じられるでしょう。しかし、一方で仮に再現性のな
いデータが発表されたとしても、そのような論文は業界では無視されて
いずれ消えていくのではないのかとも思われるのではないでしょうか。
ところが、現実はなかなかそのようにはなりません。たとえば、アムジ

ェン社が調査した53報の論文のうち、とりわけ一流誌といわれる学術誌に掲載された21報を取り出し、このうちデータを再現できる論文と、再現できない論文が発表後に他の論文にどれだけ引用されているかも調べています。その結果、再現できる論文は1報あたり平均231回引用されており、再現できない論文は1報あたり平均248回引用されています。つまり、データを再現できる論文と、再現できない論文は、業界内では同程度重宝されているということになります。これは、ある種の「負の連鎖」が起こっているとも考えられます。

結果が再現できない論文でも、データ取得時に明らかな意図的な操作があったことが判明しなければ、その論文が撤回されることはほとんどありません。残念ながら、スポーツ・健康科学分野の論文でもデータが再現できない論文は多くあります。ただ、論文の読み手のわれわれとしては、そのデータが再現できるかどうかは残念ながら自分で追試をしない限りはわかりようがないのが現状です。

以上のことから考えると、世の中に出回っている情報のほとんどが信頼に足るものではない可能性があります。私がこのような場で記事を執筆するときに心がけているのは、基本的には1つの事象について複数の互いに無関係な研究グループから同様の結果を示す論文が公表されているかどうかという点を重視しています。しかし、現実には再現性が確認できない論文も再現性が確認できる論文と同程度の引用をされていることからもわかる通り、ある種の負の連鎖も存在すると思われます。つまり、互いに無関係な研究グループから同様の結果が報告されているからといって、その情報が正しいとの保証はなく、その全てが間違っている可能性も否定できません。

結論としては、たとえ著名な大学教授が学術論文のデータをもとに話した内容でも、本当にその情報が正しいかどうかは最終的には自分で一度考えてみる必要があるということです。現在、スポーツの現場で指導にあたられている指導者の方は、どのような指導法を用いているでしょうか。自分が過去に指導者や先輩から受けた指導を全く変えずに、100％同じ方法で指導しているという方はほとんどおられないのではないでしょうか。自分なりに考えて常に指導法を改良しているのではないでしょうか。それはいい意味で批判的な目を持っているということだろうと

61

思います。

　常に「これでいいのか？」「これは正しいのか？」ということを意識するのは、どんな情報に対してでも大切なことでしょう。私がこれまでに紹介した内容や、今後紹介する内容も、是非とも一度皆さん自身で、「それは本当なのか？」と考えながら読んでいただければと思います。

［参考文献］

1）Arrowsmith J. Nature Rev Drug Discov 10: 328-329, 2011.
2）Prinz F et al. Nature Rev Drug Discov 10(9): 712, 2011.
3）Begley CG and Ellis LM. Nature 483: 531-533, 2012.
4）Fugh-Berman AJ. PLoS Med 7(9): e1000335, 2010.

11

健康・スポーツ科学の都市伝説（1）

いい伝えは本当か

　晩春になると雑誌などで「夏までに5kg痩せる究極のダイエット法」といったような見出しが見受けられます。確かに夏までに数カ月の期間があれば痩せられそうな気がします。そして、夏直前になると「1週間でウエスト3cm減を可能にする○○式ダイエット」といった、若干怪しげな見出しが見受けられるようになり、肝心の夏になると「薄着でも痩せて見える着こなし術」といったような最早、痩せることは諦めたような見出しが雑誌に踊ったりします。このような特集が繰り返され、そういった雑誌がそれなりに売れるということは、世の中には痩せたいと思っている人が相当数存在していること、また、いろいろ情報は仕入れるものの、なかなか思うように痩せられていないということを示唆しています。

　では、痩せられない原因はどこにあるのでしょうか。本人の努力不足なのでしょうか。仕入れた情報がそもそも怪しいのでしょうか。おそらくそれらの組み合わせでしょう。減量の世界に限らず、健康業界やスポーツ業界では代々受け継がれてきた本当か嘘かよくわからないいい伝え（都市伝説）があります。私の子ども時代でいえば「運動中に水を飲むと疲れる」というのが代表的な都市伝説でしょうか。中学校の野球部時代は、真夏の炎天下での1時間以上の持久走でも水を飲ませてもらえませんでした。そうはいっても走っている部員は本能的に「これはちょっと危険だな」と感じて「トイレに行ってきます」といってはトイレで隠れて水を飲んでいました。

63

塵も積もれば（？）

　どのような世界にも多かれ少なかれ都市伝説というものは存在します。そこで今回はCasazzaらが『New England Journal of Medicine』誌で減量についての都市伝説と、都市伝説ではない事実についてまとめているので、その中からいくつか興味深いものを紹介してみたいと思います（文献1）。まず「ほんの少し摂取カロリーを減らす、あるいは、ほんの少し消費カロリーを増やせば、それを長く続けると結果として大きな減量効果が得られる」というのは事実なのでしょうか。確かに、このようなことはよく耳にします。本邦でも「減量のために1日20分程度歩けば、年単位で見ると相当の減量効果が見込めるので行いましょう」というのを聞いたことがあります。海外では昔から「3500kcalルール」というものがあるそうです。これは、体重1ポンド（0.45kg）減らしたければ、3500kcal減らせばいいということです。そこから考えると、過体重の人が1日1.6km歩いて現状よりも余分に100kcal消費すると、仮に摂取カロリーが変わらなければ5年も継続すると23kgぐらい減量できる計算になります。しかし、実際は4.5kgぐらいの減量効果になります（文献2）。

　このような結果になる理由のひとつは、減量プログラムによって体重が減少してくると、それに合わせて摂取エネルギーの必要量も減少してくるからです。つまり、減量プログラムの進行に合わせて、より消費カロリーを増やすか、摂取カロリーを減らさなければ、減量効果は頭打ちになると考えられます。このことから、毎日の生活の中で体重減少のために、ほんの少し運動習慣や食生活に気を遣っているのにどうして痩せないのだろうと不思議に思っている人は、その程度では効果を得るにはまだ足りないということがいえます。また、より減量しようと思えば、今のプログラムより1回あたりの運動時間、強度、あるいは頻度を増やす必要がありますし、摂取カロリーも減らす必要があります。

体重減少のペースは

　次に「急激な体重減少を伴う減量より、ゆっくり体重減少する減量プ

TJ Special File

月刊トレーニング・ジャーナルの連載記事を単行本化

TJ Special File 1
エクセレント・コーチング
宮村 淳 編 ●定価1,650円（本体1,500＋税10%）

TJ Special File 2
リスクトレーニング
ハラルド・ボルスター 著 綿引勝美 訳 ●定価1,980円（本体1,800＋税10%）

TJ Special File 3
「子どもの世紀」へのプレゼント
子どものからだと心・連絡会議 編著、ベン・サルチン・正木健雄 著 ●定価1,375円（本体1,250＋税10%）

TJ Special File 4
考えて食べる！ 実践・食事トレーニング
奈良典子 著 ●定価1,650円（本体1,500＋税10%）

TJ Special File 5
スポーツ現場で知っておきたい 薬の話
原田知子 著 ●定価2,200円（本体2,000＋税10%）

TJ Special File 6
姿勢チェックから始める コンディショニング改善エクササイズ
弘田雄士 著 ●定価1,760円（本体1,600＋税10%）

TJ Special File 7
やめろと言わない禁煙指導
多田久剛 著 ●定価1,100円（本体1,000＋税10%）

TJ Special File 8
トレーニングを学ぶ 体育授業における理論と実践［改訂版］
下嶽進一郎 編著 ●定価1,870円（本体1,700＋税10%）

TJ Special File 9
スポーツ医科学トピックス 1
川田茂雄 著 ●定価1,760円（本体1,600＋税10%）

TJ Special File 10
身体言葉（からだことば）に学ぶ知恵 1
辻田浩志 著 ●定価1,760円（本体1,600＋税10%）

TJ Special File 11
選手の膝をケガから守る チームで取り組む傷害予防トレーニング
大見頼一 編著 ●定価1,760円（本体1,600＋税10%）

TJ Special File 12
スポーツ現場の傷害調査 ケガの予防につなげるための取り組み
砂川憲彦 著 ●定価1,100円（本体1,000＋税10%）

TJ Special File 13
ムーブメントスキルを高める これなら伝わる、動きづくりのトレーニング
朝倉全紀 監修 勝原竜太 著 ●定価1,210円（本体1,100＋税10%）

TJ Special File 14
コンディショニング Tips［前編］ スポーツ選手の可能性を引き出すヒント集
大塚 潔 著 ［対談］中村千秋 ●定価1,760円（本体1,600＋税10%）

TJ Special File 15
コンディショニング Tips［後編］ スポーツ選手の可能性を引き出すヒント集
大塚 潔 著 ●定価1,540円（本体1,400＋税10%）

TJ Special File

月刊トレーニング・ジャーナルの連載記事を単行本化

TJ Special File 16
米国アスレティックトレーニング教育の今
阿部(平石)さゆり 著 ●定価1,650円(本体1,500円+税10%)

TJ Special File 17
ケトルベルトレーニング 入門からギレヴォイスポーツ(競技)まで
後藤俊一 著 ●定価1,760円(本体1,600円+税10%)

TJ Special File 18
スポーツ医科学トピックス2
川田茂雄 著 ●定価1,760円(本体1,600円+税10%)

TJ Special File 19
コンディショニングテーピング 評価に基づき 機能を補う
古石隆文 著 ●定価1,320円(本体1,200円+税10%)

TJ Special File 20
スポーツ医学検定練習問題集1 3級・2級(各74問)
一般社団法人 日本スポーツ医学検定機構 著 ●定価1,650円(本体1,500円+税10%)

TJ Special File 21
初めての骨折 マッサージ師が経験した「動き」と「痛み」の体験記
沓脱正計 著 ●定価1,100円(本体1,000円+税10%)

TJ Special File 22
パフォーマンステストとは何であるのか スポーツ選手のためのリハビリテーションを考える(1)
スポーツ選手のためのリハビリテーション研究会 編 ●定価1,980円(本体1,800円+税10%)

TJ Special File 23
投球障害からの復帰と再受傷予防のために
牛島詳力 著 ●定価1,650円(本体1,500円+税10%)

TJ Special File 24
スポーツ医科学トピックス3
川田茂雄 著 ●定価1,760円(本体1,600円+税10%)

TJ Special File 25
スポーツパフォーマンス分析への招待
勝利の秘密を読み解く、もう1つの視点
橘肇 著 中川昭 監修 ●定価2,200円(本体2,000円+税10%)

TJ Special File 26
サッカー選手のためのプライオメトリクス
エビデンス紹介と実践例
松田繁樹、内田裕希 著 ●定価1,650円(本体1,500円+税10%)

TJ Special File 27
スポーツにおける呼吸筋トレーニング
山地啓司、山本正彦、田平一行 編著 ●定価1,650円(本体1,500円+税10%)

▼お問い合わせ・ご注文は下記まで

ブックハウス・エイチディ 〒164-8604 東京都中野区弥生町1-30-17
電話 **03-3372-6251** FAX **03-3372-6250**
e-mail bhhd@mxd.mesh.ne.jp http://www.bookhousehd.com

ログラムのほうが、長い目で見た場合優れている」というのはどうでしょうか。これもよく聞く意見です。急激な体重減少は減量プログラムが終了すると体重が戻りやすい（リバウンドしやすい）ため、ゆっくり進めたほうがよいというのも聞いたことがあります。これは事実でしょうか。

確かにゆっくり体重が減少していく減量プログラムでは、プログラム終了後もその体重を維持できており、リバウンドする危険性は低いことが報告されています（文献3、4）。しかし、減量プログラム初期でどんどん体重が落ちていくほうが、最終的な減量幅が大きく、減量効果が高いといった報告もあります（文献5）。Lisaらは、減量プログラムに

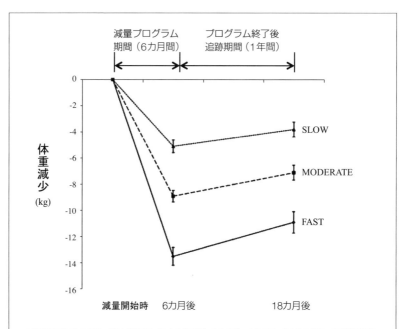

1週間あたり0.68kg以上減量した大減量群（FAST）と0.23kg以上0.68kg未満減量した中減量群（MODERATE）、0.23kg未満減量した小減量群（SLOW）を比較すると、6カ月間の減量プログラムでは大減量群が最も減量しており、減量プログラム終了後の1年間の追跡調査では、そのリバウンドの程度には群間に差はない。図から、急激に減量したからといって、必ずしもリバウンドが大きくなるというわけではないことがわかる（文献5より著者改変）。

図11-1

参加した肥満女性を1週間あたり0.68kg以上減量した大減量群と、1週間あたり0.23kg未満の減量だった小減量群で比較した場合、6カ月間の減量プログラムにより減量できた体重は当然のことながら大減量群のほうが多く、プログラム終了後1年間の追跡調査でリバウンドの程度を見ると、その程度には差がなく、減量した体重をほぼ維持できていることを報告しています（図11-1）。

急激な体重減少はリバウンドの危険因子であるということを指摘する研究報告も確かにありますが、1週間あたり0.68kg程度の減量であれば、必ずしもゆっくりとした減量プログラムよりリバウンドが起こりやすいというわけでもなさそうです。

Casazzaらは論文の中で「ゆっくり減量するほうが長い目で見た場合、効果が高い」という意見が世間で強くいわれている背景に、1960年代に流行した超低カロリーダイエット（1日あたり800kcal未満）に対して、健康への悪影響を警告するための意味も込めてゆっくり減量することが強調され、いつの間にか定着したのではないかと述べています。減量によって極端に体力や気力が削られているといったことがないのであれば、減量初期（最初の数週間）にある程度急激に体重が落ちてもそれほど気にする必要はないのかもしれません。

自分の頭で考える

次に子どもの肥満についてですが、文部科学省の統計資料を見ると、本邦の子どもの肥満率は10％前後です。私が子どもの頃は学校のクラス（1クラス40人程度だったと思います）に1〜2人ぐらいポッチャリした子どもがいましたが、現在は当時より少し肥満の子どもが増えた印象があります。米国はもう少し深刻で、米国国立保健統計センターの資料を見ると、子どもの肥満率は15〜20％程度です。確かに米国に行くと、日本より肥満の子どもが多い印象を受けます。「子どもの肥満解消には家族も巻き込んで教育したほうが効果は上がる」という意見があります。これは本当でしょうか。

これは本当で、学校だけで減量プログラムを行うよりも、家庭も巻き込んで行うほうが減量効果は高いことが報告されています（文献6）。

「まずは親から教育する必要がある」というのは教育関係者からはよく聞かれる言葉です。何も減量に限ったことではなく、様々な事柄にもいえるのではないでしょうか。スポーツ競技でも、ジュニアの選手を強くしたいと思えば、スポーツ現場で体力や技術の指導をするだけではなく、選手の親に対して食事や生活習慣の面で協力を得られる体制を取る必要があるのと同じかと思います。

減量の手っ取り早い方法として肥満外科手術があります（脂肪の吸引手術とは異なります）。これは、簡単にいうと、胃の手術をして胃袋を小さくしてしまう方法だと思って下さい。このような方法は「減量に効果があり、また、肥満に関係する病気の危険性を下げる」といわれていますが、これは本当でしょうか？

手術の方法にはいろいろありますが、ある研究によれば、どのような手術方法でも手術後10年間まで追跡してみると、初期の体重から20％程度は体重を減らす効果があり、糖尿病、高中性脂肪血症、高尿酸血症の発症率を改善する効果があるようです（図11-2、文献7）。

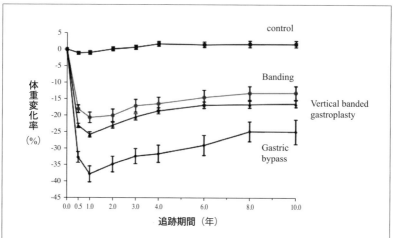

肥満外科手術（手術方法は3種類）を行うと、非手術群（control）と比較して確実に体重が減少し、手術後10年間の追跡調査の結果からも、減少した体重を維持できていることがわかる。また、体重減少に伴って、糖尿病、高中性脂肪血症、高尿酸血症の発症率を改善する効果も認められた（文献7より著者改変）。

図11-2

このように、減量に関することには、科学的根拠が曖昧なものと、ある程度根拠があるものが入り混じっています。これは減量に限ったことではなく、その他の分野でも同様です。現在は世の中に情報が溢れており、その入手も比較的容易ですが、その真偽を確認することは容易ではありません。新しい情報を得たときは、一呼吸おいて、自分の頭でその情報の真偽を考える習慣を身につけることが重要なのではないでしょうか。

［参考文献］

1）Casazza K et al. N Engl J Med 368: 446-454, 2013.
2）Thomas DM et al. J Biol Dyn 5: 579-599, 2011.
3）Sbrocco T et al. J Consult Clin Psychol 67: 260-266, 1999.
4）Lesley D et al. Ann Behav Med 35: 351-357, 2008.
5）Lisa M et al. Int J Behav Med 17: 161-167, 2010.
6）McLean N et al. Int J Obes Rekat Metab Disord 27: 987-1005, 2003.
7）Sjöström L et al. N Engl J Med 351: 2683-2693, 2004.

12

スポーツ医科学への誘い
骨格筋研究未解決ファイル

野心的な若者、募集

　本書では、スポーツ医科学に関する最新の知見を紹介しています。その目的は、皆さんの日々の生活習慣やトレーニングを見直すきっかけに、少しでも貢献できればという考えがもとになっています。

　それとは別に、実はもうひとつ密かな目的があります。それは、最新の研究内容に触れることによって高校生や大学生といった若者にスポーツ・健康科学の研究分野に興味を持っていただいて、この分野の研究者になることを、将来の進路の選択肢のひとつに入れていただけたらなということです。普段、研究分野と接点がないと現時点でどのようなことが研究課題として挙げられているのかということも、あまりわからないと思います。

　そこで、これまでと少し話題の視点を変えて「この課題が解決できずにいます」というテーマを紹介してみたいと思います。是非とも野心的な若者の参入を期待いたします。

筋線維組成という課題

　スポーツといえば、やはり運動の動力源である骨格筋を抜きにしては語れません。そこで、骨格筋研究の中での未解決の重要課題について紹介してみたいと思います。骨格筋とスポーツパフォーマンスの関係を考えたときに、重要になってくる要素のひとつが筋線維組成です。

　ご存知の方が多いと思いますが復習すると、骨格筋の筋線維には速筋

69

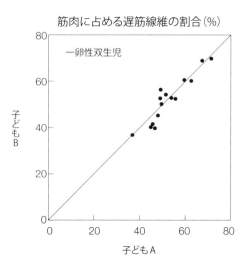

一卵性双生児のそれぞれの筋肉を調べると、お互いの筋線維組成はほぼ一致する。このことは、基本的には筋線維組成が生まれながらに決まっていることを示している（文献１より著者改変）。

図12-1

線維と遅筋線維があります。速筋線維はさらに２種類に分かれ「タイプ２x」と「タイプ２a」があります（ヒトの場合）。遅筋線維は「タイプ１」と呼ばれています。収縮速度は２x＞２a＞１の順であり、持久力は２x＜２a＜１の順になります。昔からいわれている通り、陸上競技の短距離選手では骨格筋に占める速筋線維の割合が多く、マラソン選手では遅筋線維の割合が多くなっています。この筋線維の割合は、これもご存知の通り、ほぼ遺伝で決まります（図12-1、文献１）。

　ところで、競技スポーツの現場では「マラソン選手は鍛えて育てることができるけれど、短距離選手は育てることができない。生まれてくるのを待つだけ」といったようなことを耳にしたことはないでしょうか。これはおそらく、マラソンのような持久走では、競技能力は生まれ持った筋線維組成のみに大きく依存するのではなく、心肺機能や精神力なども大きく影響してくること、また、エネルギー産生に関与する筋細胞内

の酵素活性や酸素運搬に関与する毛細血管密度などは、トレーニングによってある程度向上させることが可能であることを考慮してのことだろうと思われます。反対に陸上競技100m走のような10秒程度で終了してしまう競技では、競技成績は生まれ持った筋線維組成に依存する割合が高くなってしまうと考えられるからだと思われます。しかし、マラソンのような持久的な運動においても、生まれながらにして遅筋線維の割合が多いことが有利であることは間違いなく、筋線維組成のみから考えると優秀なマラソン選手を育てるのもそう簡単ではないことがわかりま

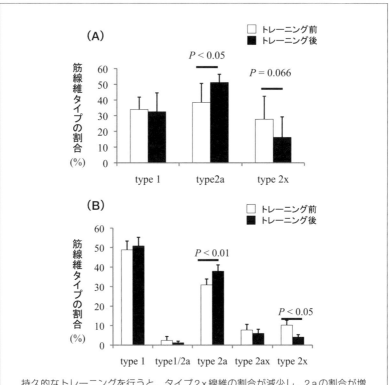

持久的なトレーニングを行うと、タイプ2x線維の割合が減少し、2aの割合が増加する（A）。逆に、瞬発的な動きを伴う高強度のレジスタンストレーニングを行っても、タイプ2x線維の割合が減少し2a線維が増加する（B）（文献2、3のデータを基に著者作図）。

図12-2

す。

　筋線維タイプは最初に述べたように、基本的には遺伝によって決まり
ます。しかし、運動によって若干ではありますが変化し得ることがわか
っています。たとえば、ある程度の強度で1回あたり45分間程度の持久
的トレーニングを週3回の頻度で行うと、3カ月もすればタイプ2x線
維の割合が減少し、タイプ2a線維が増加してきます（図12-2A、文献
2）。これはつまり、筋肉が遅筋線維化の方向へ向かっていることを示
しており、持久的なトレーニングを積むと筋肉の性質も持久的な運動に
適したタイプに変化していくことを表しています。このような事実が
「マラソン選手は育てることができる」という意見に結びついているも
のと思われます。

　では逆に、瞬発的な運動をすれば筋線維は速筋線維化するのでしょう
か。Jesperらは高強度なレジスタンストレーニングを12週間続けると、
タイプ2x線維の割合が減少し、タイプ2a線維が増加することを報告
しています（図12-2B、文献3）。その他の多くの研究報告を見ても同
様の結果です。

　つまり、分子メカニズムの詳細は割愛しますが、筋線維は持久的な運
動であろうと、瞬発的な運動であろうと、運動をすれば遅筋線維化する
と考えられます。また、運動によって筋線維タイプは移行し得るのです
が、細かく見ると、タイプ2xからタイプ2aには移行しますが、タイ
プ2aからタイプ1へは移行しないか、あるいは、移行したとしてもご
くごくわずかであるといえます。

　このことから考えると、タイプ1線維の多いマラソン選手をトレーニ
ングによってつくり上げることも難しく、優秀なマラソン選手も優秀な
短距離走選手と同様、生まれてくるのを待つしかなさそうともいえま
す。

スプリンターマウスは生まれるか

　では研究の世界ではどうでしょうか。実は研究の世界でも陸上競技の
世界と同じようなことが長年いわれています。それは「マラソンマウス
はつくれるが、スプリンターマウスはつくれない」ということです。

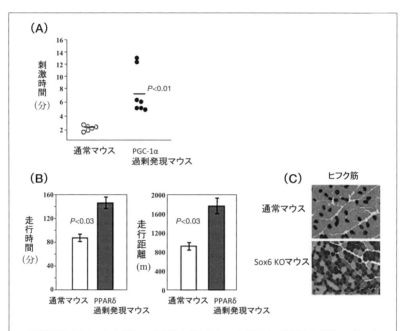

図12-3

Linらはマウスの骨格筋でPGC-1αというタンパク質を大量につくることができるマウスをつくりました（文献4）。

このマウスでは筋肉が遅筋線維化し、筋持久力を測定すると通常のマウスと比べ約2.5倍持久力が向上していることがわかりました（図12-3A）。Wangらはマウスの骨格筋でPPARδというタンパク質を大量につくることができるマウスをつくりました。このマウスも筋肉が遅筋線維化し、トレッドミルで走らせると疲労困憊までの時間が通常のマウスと比べ約2倍になり、走行距離も約2倍増加することを報告しています（図12-3B、文献5）。

Quiatらは骨格筋でSox 6という、タンパク質をつくれないマウスをつくると、これも筋肉が遅筋線維化し、筋持久力が向上することを報告しています（図12-3C、文献6）。

　このように、研究の世界では筋線維を遅筋化させて持久力に優れた、いわゆる「マラソンマウス」はいくつもつくられていますが、逆に速筋化させてダッシュ力に優れた「スプリンターマウス」はつくられていません。

つくれなくしたら？

　そこで、このような疑問が出ると思います。たとえば、あるタンパク質を多くつくれるようにしたマウスがマラソンマウスになるのであれば、そのタンパク質をつくれないようにしたマウスをつくればスプリン

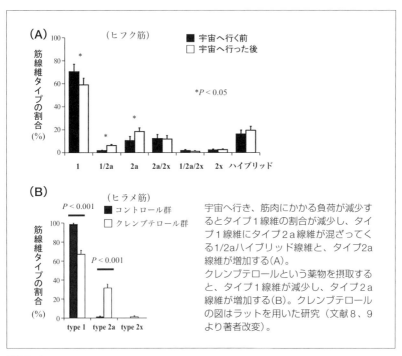

図12-4

ターマウスになるのではないかと……。

ところが、たとえば筋肉でPPARδをつくれなくしたマウスでは、筋線維の速筋化が起こらないことが報告されています（文献7）。

その他、いろいろ試されていますが、未だに瞬発力に優れた「スプリンターマウス」はつくられていません。実は、骨格筋研究の世界では、筋線維を遅筋化するメカニズムというのは分子レベルでの理解がかなり進んでいますが、逆に速筋化するメカニズムはよくわかっていません。

速筋化の条件

ただ、筋線維の速筋化という現象が全く起こらないかといえば、特殊な条件下では起こることが知られています。その代表が「除負荷」と「クレンブテロール（clenbuterol）」です。図12-4Aは宇宙ステーションに6カ月滞在した宇宙飛行士の筋線維組成の変化を示しています（文献8）。

宇宙では筋萎縮を抑制するために、1日あたり2.5時間程度の運動を週6日行うことが義務づけられています。しかし、残りの時間は無重力のため地球で生活するのと比べ筋肉は負荷が少なくなっている状態（除負荷）になります。そうすると、遅筋線維のタイプ1が減少し、タイプ2aが増加してきます。これは筋肉が速筋化していることを示しています。

また、β2受容体作動薬にクレンブテロールという薬剤があります。気管支拡張作用などがありますが、この薬剤を摂取すると、これもタイプ1が減少しタイプ2aが増加することが知られています（図12-4B、文献9）。このように遅筋線維から速筋線維に変化させることは必ずしも不可能ではないことは示されていますが、そのメカニズムは不明なままであることと、またタイプ2aへは変化させられますが、タイプ2xに変化させることが困難であることも示されています。

骨格筋研究の分野では、骨格筋速筋化のメカニズムの解明が遅々として進んでいないのが現状です。メカニズムがわからなければ「スプリンターマウス」をつくることも非常に困難です。「自分が世界で初めて最速のスプリンターマウスをつくってやる！」と思った方は、是非とも骨

格筋研究の世界へ参入していただければと思います。

［参考文献］

1）Komi PV et al. Acta Physiol Scand 100（4）: 385-392, 1977.

2）Wade H et al. Am J Physiol Endcrinol Metab 257: E736-E742, 1989.

3）Jesper L et al. Muscle Nerv 23: 1095-1104, 2000.

4）Lin J et al. Nature 418: 797-801, 2002.

5）Wang YX et al. PLoS Biol 2（10）: e294

6）Quiat D et al. Proc Natl Acad Sci USA 108（25）: 10196-10201.

7）Angione AR et al. Skeletal Muscle 1: 33, 2011.

8）Trappe S et al. J Appl Physiol 106: 1159-1168, 2009.

9）Bricout VA et al. Acta Physiol Scand 180: 271-280, 2004.

13 スポーツ医科学への誘い（2）
教科書が修正される日

新しい成果で変わる教科書

　研究の世界にいると時々「教科書が書き換えられることになるかも」という研究に出会うことがあります。今まで骨格筋について「確定」と思われていた事実が修正されるかもしれないという話題を紹介したいと思います。

　スポーツ業界におられる方々にとっては「筋サテライト細胞」という言葉の認知度は非常に高いものと思われます。筋サテライト細胞とは筋細胞の形質膜と基底膜の間に存在し（図13-1）、通常は静止期の状態にあります。静止期とは細胞周期の1つで、細胞分裂と細胞分裂の間の状

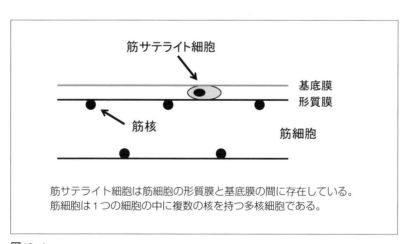

筋サテライト細胞は筋細胞の形質膜と基底膜の間に存在している。
筋細胞は1つの細胞の中に複数の核を持つ多核細胞である。

図13-1

態であり、いわば仮死状態のようなものと考えると理解しやすいと思います。ところが、たとえば高強度のレジスタンストレーニングのような刺激が筋肉に与えられると、筋サテライト細胞は静止期から目覚めて、増殖し、筋芽細胞となり、既存の筋細胞に融合することが知られています。

　では、この筋サテライト細胞の融合は何のために起こるのでしょうか。この融合を説明するために教科書に記載されている言葉が「核支配領域（nuclear domain）」という概念です。

面積に応じた支店

　われわれの身体を構成する細胞では、日々いろいろなタンパク質を合成しています。そのためには、最初に細胞の中に存在する細胞核の中で遺伝子からmRNAが合成される必要があります。それが、核内から細胞質へ運ばれてタンパク質を合成するわけです。合成されたタンパク質はさらに細胞内の必要な場所に運ばれたり、細胞外に分泌されたりします。骨格筋細胞は巨大な多核細胞であることは周知の通りです。1つの筋細胞の長さが数cmに及ぶことも珍しくありません。もしそのような巨大な筋細胞に核が1つしかなければ、細胞に必要なタンパク質の設計図になるmRNAを十分量合成できません。そのため、巨大な筋細胞では、端から端まで複数の核を設置し、その場所で必要な量や種類のmRNAを現地で合成する必要性が出てきます。

　これは日常生活で喩えれば、大企業が全国各地に支店を設置しているのと同じです。広い地域に1店舗しかなければ、それ以外の地域で生活する人々にはサービスが行き届きません。国の面積が増えれば、それに合わせて支店の数も増やす必要があります。筋肉も同じで、筋肥大を起こすときには筋核を増やす反応が起こると考えるのが自然です。ところが、多核細胞の核は分裂できないことが知られています。そのため、核を増加させたければ外から核を補給する必要があります。その核が筋サテライト細胞の融合により供給されているわけです。

　1つの核には支配できる限界の領域（体積）があるのではないかということは100年以上も前からいわれています（文献1）。多少逆説的では

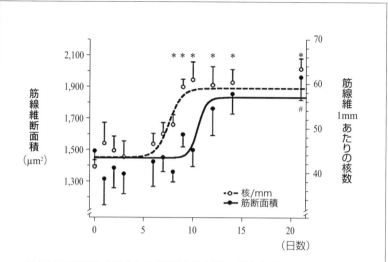

図13-2

マウスの長指伸筋（EDL）に力学的過負荷を課し、肥大させるために協働筋である前脛骨筋を切除する手術を行った。その後、EDLの筋肥大と筋核数の変化を縦断的に検討している。その結果、筋肉の肥大に先立って筋核が増加していることがわかった（文献2より著者改変）。

ありますが、筋肥大を起こすには新たな核の追加が必要なのであれば、新たな核が追加されやすいようなトレーニングを行えば筋肥大しやすいとも考えられます。

　実際に、レジスタンストレーニングではバーベルを下ろす局面（伸張性収縮）を重視すると筋サテライト細胞の増殖が起こりやすく、筋肥大効果も大きいということが知られています。また、Bruusgaardらは筋肥大時には筋肉が肥大する前に核の追加が起こり、その後少し遅れて筋肥大が起こることをマウスを用いた研究で報告しています（図13-2、文献2）。

本当に必要か

　では、筋サテライト細胞の増殖を阻害すると筋肥大は起こらないので

しょうか。これについては、昔から多くの研究が行われており、筋サテライト細胞の増殖を骨格筋への放射線照射により阻害すると、筋肉に力学的過負荷を与えても肥大が阻害されることが知られています（文献3）。これらの事実から、これまでの教科書では「細胞の核には支配できる領域（核支配領域）があり、筋線維が肥大するときには筋サテライト細胞によって核が供給され、核1個あたりの筋体積は一定に保たれる」ということが定説として記載されてきました。この核支配領域の話は聞いたことがある方が結構おられるのではないでしょうか。理屈としてはかなり理路整然としており、それを示すデータも多くあることから、私自身もこれまで一度も疑問に感じたことはありませんでした。ところが、最近「筋肥大に筋サテライト細胞は本当に必要か？」と疑問を呈する大変興味深い研究が発表されました。

　これまでの放射線を照射して筋サテライト細胞の増殖能を阻害する手法の問題点として、筋サテライト細胞のみに限定して照射することが不可能であることが挙げられます。そのため確かに筋サテライト細胞の増殖能は阻害できますが、それ以外の細胞へのダメージも伴います。実際に放射線照射では若干の筋萎縮を引き起こします（文献3）。このことから、放射線照射による筋肥大の抑制が筋サテライト細胞の増殖能阻害のみによって起こっているのかは不明です。

　近年ではマウスを用いて、成体になってから特定の組織の特定の遺伝子のみを破壊できる技術が開発されています。そこで、この技術を用いて、成体の筋サテライト細胞のみを除外して、筋サテライト細胞の筋肥大への効果が検討されています。その結果、筋サテライト細胞がある場合とない場合で、骨格筋に力学的過負荷をかけたときに、その肥大の程度は同程度であり、筋線維1本あたりの筋力も同程度であったと報告されています（図13-3、文献4）。

　筋サテライト細胞があるマウスでは筋肥大に伴い既存の筋線維に核が供給されていましたが、筋サテライト細胞がないマウスでは新たな核の追加ができませんので、核支配領域が広がっていることもわかりました。このことは従来から考えられていた「核支配領域は厳密に制御されている」という常識を覆すものであり、骨格筋肥大に筋サテライト細胞は必要ないという驚くべき結果です。肥大した筋肉をよく調べてみる

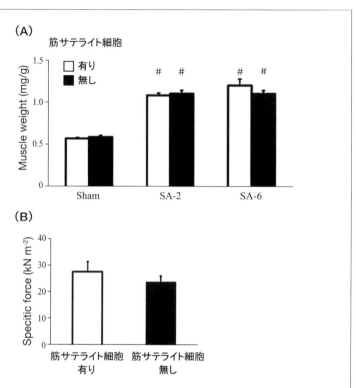

マウスの足底筋を肥大させるために、協働筋のヒラメ筋と腓腹筋を切除する手術を行った。筋重量（A）は、手術前（sham）は筋サテライト細胞の有無に関係なく同程度であり、また、手術2週間後（SA-2）、6週間後（SA-6）も、両群とも肥大の程度に差はない。筋線維1本あたりの張力も筋サテライト細胞の有無に関係なく同程度である（B）（文献4より著者改変）。

図13-3

と、筋サテライト細胞があるマウスでは、筋サテライト細胞がないマウスに比べ、細い筋線維が多いことがわかりました。これは、筋サテライト細胞がある場合は、既存の筋線維が太くなることに加え、筋線維の新生も起こっている（筋線維の本数が増えている）ことを示しています。一方、筋サテライト細胞がない場合は筋線維の新生が起こらず、既存の筋線維が太くなることによってのみ筋肥大が起こっていることを示しています。

重要であることは確か

　これらの結果のみを見ると、筋サテライト細胞は生体でどのような役割を担っているのかと思われる方もおられでしょう。この筋サテライト細胞のないマウスの筋肉を薬剤で破壊すると、筋肉の再生が著しく阻害されます。つまり、筋サテライト細胞は通常の筋肥大時には確かに必須ではないのかもしれませんが、なんらかの事情で筋肉が破壊されたときに筋肉を再生するためには必須であるといえます。

　筋サテライト細胞がわれわれにとって重要な細胞であるという事実には変わりはありませんし、筋肥大時に筋サテライト細胞によって既存の筋線維に核が供給されているという事実にも変わりはありませんが、核支配領域が厳密に制御されているということや、筋肥大に筋サテライト細胞が重要であるという意見は今後若干修正されるかもしれません。

　マウスもヒトもお互いに身体のサイズは大きく異なりますが、核支配領域は同程度という報告もあります。しかし、豚や馬、サイなどはより大きな核支配領域を持っています（文献5）。動物種が異なるため明確なことはいえませんが、もしかしたら核支配領域には相当の余裕があり、新たな核の供給がないならないで、既存の核のみでなんとかするのかもしれません。そう考えると、筋細胞の核の頑張りがなかなか健気に思えてきます。

　このように、これまで定説と思われていたことも、ある日突然修正を迫られることもあります。健康・スポーツ科学の世界には、今では誰も疑わない「常識」が多くあります。もし、そんな常識に疑問を持っている人がいれば、是非とも研究の世界に足を踏み入れてみてはいかがでしょうか。常識を覆してやると思っている野心的な方の参入を楽しみにしております。

［参考文献］

1）Strassburger E. Histol Beitr 5: 97-124, 1893.
2）Bruusgaard JC et al. Proc Natl Acad Sci USA 107: 15111-15116, 2010.
3）David J et al. J Appl Physiol 73: 2538-2543, 1992.
4）McCarthy JJ et al. Development 138: 3657-3666, 2011.
5）Liu JX et al. Exp Physiol 94: 117-129, 2009.

14

トレーニングとやる気

やる気とトレーニング効果

「やる気がないときに練習しても意味がない」という言葉はスポーツの現場ではよく聞かれます。しかし、これを科学的に証明するのはなかなか難しいことです。たとえば、同じ重さのバーベルをやる気があるときに10回持ち上げるのと、やる気がないときに10回持ち上げるのとでは効果は異なるのでしょうか。そこでやる気とトレーニング効果について少し考えてみたいと思います。

やる気がなくても強制される運動のひとつに、学校で行われる体育の授業があります。私のように「毎日体育の授業があったらいいのに」と思っていた子どもにとっては非常に楽しい時間ですが、運動が嫌いな人にとっては苦痛な時間でしょう。体育の授業の目的は、その時間に確実に学生に運動させることと、運動習慣を身につけさせることによって、授業以外の時間にもスポーツなどの運動への参加を促すことにあります（もちろん、これだけではありません）。

Cawleyらは、子どもの体重に及ぼす体育の授業の影響を報告しています（文献1）。それによると、週あたりの体育の授業時間が増えるほど小学校5年生時の肥満率が減少するようです。ただし、面白いことにこれには男女差があります。男の子は体育の授業時間が増えると、授業以外でのスポーツへの参加が増加し、活動的になる傾向があり、結果的に肥満率が減少するのですが、女の子は体育の授業時間が増えると、それ以外の時間は座りがちになり、肥満率が減少するということはないようです。このことから、少なくとも男の子にとっては強制的に運動する

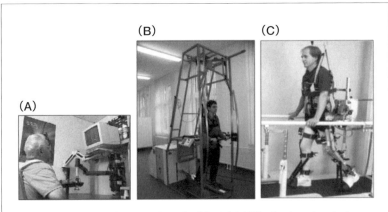

機器を用いたリハビリ。腕の機能回復（A）や歩行機能回復（B、C）のための様々な機器が開発されている（文献3）。

図14-1

機会を増やしてあげると、それ以外の時間での運動への参加率が上昇する可能性がありますが、女の子が体育の授業以外で運動するように導くには男の子とは異なるアプローチが必要かもしれません。男の子に限っていえば、これは間接的ではありますが、やる気がなくても運動させることによって得られる効果といえるのかもしれません。

「やる気」だと早い回復

それでは、より直接的な効果ではどうでしょうか。Keらは、実験動物のラットを用いて、手術により脳梗塞を起こさせそのリハビリとして、好きなときに自由に運動できる自由運動群と、ある時間に強制的に運動させる強制運動群、電気刺激で運動と同程度の筋収縮を起こさせる電気刺激群で運動機能の回復程度を比較しました（文献2）。その結果、最も回復がよかったのが自由運動群であり、その次が電気刺激群、最も効果の低かったのが強制運動群でした。

自由運動群は、ラットが自分で走りたいときに走っているわけですので「やる気」があり、強制運動群はやる気があろうがなかろうが強制的

に走らされているわけです。このように、ラットの場合は「やる気」があるほうがリハビリ効果は高いといえます。

経験的に知られていた

実はたとえ運動量が同じでも、リハビリ効果は「やる気」の影響を受けるということは、リハビリの分野では昔から経験的に知られているようです。脊髄損傷や脳卒中の患者では、運動能力の回復のためにリハビリを行います。運動機能のリハビリというと理学療法士などの専門家がマンツーマンで行っている様子を病院やテレビなどで見かけたことがあるかと思います。素人的視点で考えると、運動機能が不十分な患者を支えながらリハビリを行うというのは、理学療法士にとっては大変な重労働ですので、リハビリも機械化（IT化？）すればずっと楽になるのではないかと思います。

実際に、リハビリ分野ではいろいろとロボット技術を用いたリハビリ機器が導入されているようです（図14-1、文献3）。とくに、歩行機能改善のためのリハビリ機器であるHocoma社のLokomat（図14-1 C）は割と導入されている施設も多いようで、効果の研究も行われています。患者が転倒しないようにロープで上からぶら下げて、コンピューター制御によって一定の歩行運動を行わせます。機器を用いれば人が支える必要もなく、機械のためスイッチを押しさえすれば1日に何人でもリハビリプログラムをこなせます。また、プログラムはコンピューター制御されていますので、毎回再現性の高いプログラムを提供することも可能です。そのため、仮にこれで効果が絶大であればリハビリを支援する側の肉体的負担は非常に軽減されますし、リハビリ施設にしても機器のスイッチさえ押せばいいわけですからリハビリスタッフの人数を減らすことができます。

そこでHidlerらはLokomatによるリハビリと理学療法士によるリハビリとどちらが効果が高いのかを検討しました（文献4）。予想としては、毎回再現性よく安定したリハビリプログラムを提供できる機械のほうがリハビリ効果は高いと思われましたが、面白いことに実際は理学療法士によるリハビリのほうが、運動機能の改善効果が高いことがわかりまし

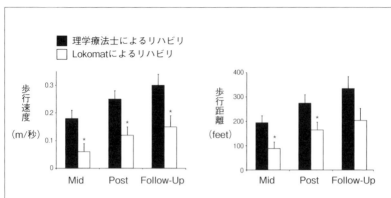

虚血性、出血性卒中患者に対してリハビリを行った。週3回のリハビリを基本として全部で24回（期間は8〜10週間）行い、12回終了後（Mid）と24回終了後（Post）に歩行能力を測定した。また、リハビリ終了3カ月後にも測定した（Follow-Up）。歩行距離は6分間で歩いた距離（文献4より著者改変）。
*P < 0.05

図14-2

た（図14-2）。

　では、なぜこのような結果になるのでしょうか。ひとつ考えられるのは「気持ち」の問題です。皆さんが患者だとして、リハビリを行うときに機械にぶら下がって淡々と行う場合と、人と接して励まされたりしながら行うのとでは、気持ちとしてどうでしょうか。私が患者であれば、機械にぶら下がって壁でも見ながら無言で淡々とリハビリを行うよりも、会話をしたり人に励まされながら行ったほうが「やる気」が出ます。この研究では、機器と理学療法士によるリハビリでは両方とも運動量は合わせています。そのため、効果の違いは「気持ち」の問題が大きいと考えられます。

　現在、この「やる気」という抽象的なものが、脳や運動のスキルにどのような影響を与えるかといった研究が盛んに行われています。今後、リハビリ分野ではロボットが多く導入されていくと予想されますが、たとえロボットを導入してもロボットまかせではなく、人間とロボットが協力してリハビリにあたることが効果的であると思われます。よく、ロボットが発達すると人間の仕事を奪ってしまうという意見があります

が、決してそうではなく、やはり人間でしかできないことがあります。

心理面の健康への効果

　基本的には運動は強制するべきものではなくて、やる気があるときにやったほうがいいといえますが、やる気があろうがなかろうが、運動させると同等の効果が見られる場合もあります。それが心理面の健康に与える効果です。心理的ストレスが多くて気持ちが塞ぎ込む経験をしたことがある人は多いのではないでしょうか。そのようなときに、運動でもすれば気持ちが多少は和らぐことはわかっていても、運動する気力さえないという経験をしたことがある人もいるかもしれません。Greenwoodらはラットを用いて自由運動と強制運動では、不安や抑鬱に対する保護効果はどちらが高いかを検討しています（文献5）。その結果、どちらも効果は同等であったと報告しています。

　以上の研究から推察されることは、運動のスキル的なことが関与するものではやる気があるときに行ったほうがいいが、心理的な健康については、多少塞ぎ込んで運動する気力がなくても外に連れ出して運動させるのも効果が期待できるということです。

どのような気持ちで練習するか

　昨今、学校の部活動での体罰が問題になっています。身体的、精神的暴力は相手のやる気を非常に削ぎます。そのような状態では練習効率が低下すると考えられます。悪いことを注意することは必要ですが、指導者として選手を強くしたいと考えるのであれば、いかにして気分よくやらせるかを常に心がけて指導するのが大切なのではないでしょうか。

　チームでなかなか試合出場のチャンスがなく控えに甘んじている選手も、その状況で気持ちが挫けてやる気がなくなってしまうと、技術練習をしてもスキルがなかなか向上せず、やる気に満ちているレギュラーの選手とますます力の差が開いてしまう可能性があります。不遇のときにいかにポジティブな気持ちを保って練習できるかが重要でしょう。

[参考文献]

1）Cawley J et al. J Health Econ 32: 743-755, 2013.

2）Ke Z et al. PLoS ONE 6(2): e16643, 2011.

3）Hesse S et al. Curr Opin Neurol 16(6): 705-710, 2003.

4）Hidler J et al. Neurorehabil Neural Repair 23(1): 5-13, 2009.

5）Greenwood BN et al. Eur J Neurosci 37: 469-478, 2013.

15

生活習慣と肥満

生活習慣と体重

　競技スポーツ選手の中には、夏休みなどの長期休暇の後に体重が増えており、コンディションを悪くしている場合が多々あります。このような現象は競技スポーツ選手だけではなく一般の人にもあてはまります。その原因のひとつとして長期休暇中の生活の乱れが挙げられます。そこで生活習慣と体重との関係について取り上げてみたいと思います。

肥満は増えているか

　最初に一般社会での現状を把握しておきたいと思います。現在は昔と比べ、肥満者の割合が増えているとはよく聞きます。果たしてそれは事実なのでしょうか。まずは、そもそも肥満者の割合は増えているのかについて見てみましょう。

　肥満の指標としてはBMI（Body Mass Index）がよく用いられます。本書でも何度か紹介していますが、体重（kg）を身長（m）の2乗で割った値です。この値が25以上だと肥満、18.5未満だと痩せと考えられます。この値は一般の人に対しては極めて妥当な値と思われます。図15-1A は厚生労働省が発表している国民健康・栄養調査の結果をもとに作図したものです（成人のデータで男女を合わせたもの）。データからはやはり年々肥満の割合が増加し、痩せが減少している様子が窺えます。しかし、一方で近年、女性が痩せすぎていることも問題視されています。確かに街を歩いていると、痩せすぎていて「これは危ない」と思うような

89

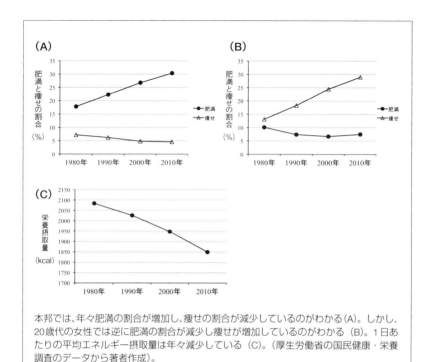

本邦では、年々肥満の割合が増加し、痩せの割合が減少しているのがわかる(A)。しかし、20歳代の女性では逆に肥満の割合が減少し痩せが増加しているのがわかる（B）。1日あたりの平均エネルギー摂取量は年々減少している（C）。(厚生労働省の国民健康・栄養調査のデータから著者作成)。

図15-1

女性を見かけることも多々あります。統計資料では成人女性全体で見ると痩せが増えているわけではないのですが、20歳代女性に限ってみると、痩せが増加していることが窺えます（図15-1B）。

　全体として見た場合、肥満者の割合は増加しているのですが、その原因は何でしょうか。最初に予想されるのが「食べ過ぎ」ではないでしょうか。しかし、摂取エネルギーを見ると、面白いことに年々減少しています（図15-1C）。脂質の摂取量は変わっていませんが、タンパク質と糖質の摂取量が減少しているようです。摂取カロリーが減少しているにもかかわらず肥満が増えているということは、考えられる理由としては「消費エネルギーが減っている」ことと、「同じものを食べても太りやすい体質になっている」という可能性があります。

　では消費エネルギーが減っているのでしょうか。これも国民健康・栄

養調査の結果ですが、歩行数の平均値を見ると、たとえば1995年のとき
は7378歩／日だったものが、2011年では6895歩／日と、わずかに減少し
ています。しかし、1日あたり500歩ほどですからそれほど大幅に減っ
ているわけではありません。過去1年間で1回あたり30分間以上の運動
を週2回以上継続して行っているかという運動習慣で見ると、行ってい
る人の割合は1995年では24.9％ですが、2011年では31.7％となっており、
むしろ運動習慣のある人は増えています。

　エネルギー摂取量が減り、消費量はそれほど減っていないと考えられ
るにもかかわらず、なぜ肥満がこれほどまでに増えてきているのでしょ
うか。明確な答えは現時点ではわかりませんが、いくつかの可能性が考
えられます。そのひとつが生活習慣の変化です。

　昔から夜型の生活をすると太るとはよくいわれます。現在の日本人の
睡眠時間の平均は7時間半程度と報告されています。社会人が朝6～7
時頃に起床すると考えると、就寝は夜の12時前後でしょうか。学生では
夏休み期間などはもっと夜更かしをしているかもしれません。夜更かし
をするとどうしても摂食量は増える傾向にあります。Rachelらは睡眠時
間を9時間にした場合と、5時間にした場合で睡眠時間を削ると太るか
どうかを検討しました。その結果、睡眠時間を削るとその分、消費カロ
リーは多少増加するものの、それ以上に摂取カロリーが増加してしまう
ことを報告しています（文献1）。

　Spaethらも同様の実験をしており、やはり睡眠時間を削ると（朝4時
から8時までの睡眠）、摂取カロリーが増加し、体重の増加も睡眠時間
を削らない群（夜10時から翌朝8時までの睡眠）と比べて大きいことを
報告しています（文献2）。

　このように、夜更かしはついつい夜食を摂ってしまう傾向があり、肥
満になる確率を高める要素を持っているといえます。ただし、1日あた
りの摂取カロリーが増加するから太るという理屈であるならば理解しや
すいのですが、最初に述べたように、日本人では1日あたりの摂取カロ
リーは年々減少しています。それにもかかわらず肥満が増えているのは
なぜなのでしょうか。そこで考えられるのが体質の変化と食事をする時
間の変化です。

体質の変化

　「体質の変化」というとかなり抽象的な表現になってしまいますが、具体的には夜型あるいは睡眠不足の生活によって、遺伝子発現などが変化するのかということになります。

　Levetらは1週間、睡眠時間を5.7時間／日に制限した場合と、1週間、8.5時間／日にした場合で遺伝子発現に変化が生じるかを検討したところ、711種類の遺伝子の発現に影響を与えたことを報告しています（文献3）。これらの遺伝子が具体的にわれわれの健康にどのような影響を与えるかはまだわかっていませんが、睡眠不足が遺伝子レベルでわれわれに何らかの影響を与えることは明らかです。

　様々な疫学的調査から、慢性的に1日の睡眠時間が6時間を切ってくると、肥満や心疾患の危険性が増加することが知られています。睡眠不足によって変化する遺伝子発現が、肥満を引き起こす作用があるかどうかは近い将来わかってくるかと思います。

　また、近年注目されている遺伝子にBMAL1（Brain and Muscle Arnt-like protein-1）というものがあります。BMAL1は脂肪細胞において脂肪合成を促す作用があることが知られていますが、この遺伝子の発現には日内変動があり、マウスでは22時〜2時頃が発現のピークとなり、日中は低く抑えられています（文献4）。このことから、脂肪合成を促す遺伝子発現が夜中に増えるのであれば、夜に食事をするのは太りやすいとの解釈もあるようです。

　話としては面白いのですが、これについてはマウスが夜行性の動物であることを考慮すると、ただちに人間で上述のような解釈が成り立つのかはかなりの疑問が残ります。仮に、BMAL1の発現の高低が肥満と関係しているのであれば、マウスの場合、BMAL1が増加する夜に摂食をすると太りやすいという結論になりますが、Arbleらはマウスを用いて、昼間だけ摂食をさせる群と、夜間だけ摂食をさせる群で、どちらが体重の増加が大きいかを検討しています（文献5）。その結果、むしろ昼間だけ摂食させたほうが体重の増加が大きいと報告しています（図15-2）。

　この結果はBMAL1の遺伝子発現と肥満を結びつける考えとは正反対

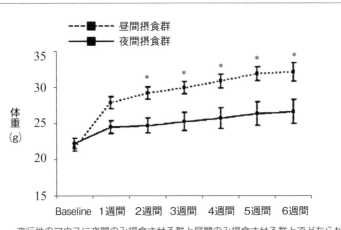

図15-2

夜行性のマウスに夜間のみ摂食させる群と昼間のみ摂食させる群とでどちらが太りやすいかを調べると、昼間のみ摂食した群のほうが肥満しやすい（文献5より著者改変）。
*$P < 0.05$ 昼間摂食群 vs 夜間摂食群

です。また、太るか痩せるかは1日の総摂取カロリーと総消費カロリーの収支で決まるため、いつ食べるかは関係ないという研究報告も多数あります。

迷信なのか

前述で睡眠時間が減ると摂取カロリーが増加して太るといいましたが、これは1日あたりの摂取エネルギーが増加するからであり「夜に食べる」ことが太るといっているのではありません。しかし、昔から、「夜、寝る前に食べると太る」というのは皆さんも一度は聞いたことがあるのではないでしょうか。

これについては単なる迷信であるという意見と、条件によってはあり得るという意見があります。たとえばマウスの場合、通常食を与えていつでも自由に食べられる環境に置くと、主に夜間に食餌をします（夜行性のため）。しかし、高脂肪食を与えると1日中高脂肪食を食べるとい

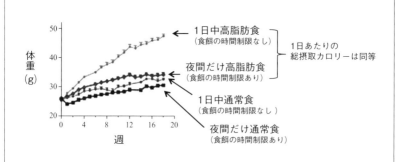

マウスを4群に分け、1日中、高脂肪食を自由に食べられる群（食餌に含まれる脂肪の割合は61%）、夜間の8時間のみ高脂肪食を食べられる群、1日中、通常食を自由に食べられる群（食餌に含まれる脂肪の割合は13%）、夜間の8時間のみ通常食を食べられる群とした。その結果、高脂肪食群の2群では互いに1日あたりの総摂取カロリーは同等であったが、肥満の程度にはかなりの差が見られた（文献6より著者改変）。

図15-3

う行動を取ります。1日中高脂肪食を食べるわけですから当然肥満になります。ところが夜間だけしか高脂肪食を食べられないように制限すると（昼間の寝ている間は食餌を与えない）、1日中高脂肪食を食べる群と1日の総摂取カロリーが変わらないにもかかわらず、肥満は抑えられるということが報告されています（図15-3、文献6）。

しかし、高脂肪食ではなく通常食の場合、1日中食べられる環境であろうが、夜間だけ食べられるように制限した環境であろうが、体重の増加の程度はほとんど差がありません。このことは、食事内容によっては食べる時間と太りやすさは全く無関係ではない可能性を示唆しています。

日本人の平均で見ると、年々摂取カロリーが減少しているにもかかわらず、なぜ肥満が増えているのかは正確な理由ははっきりとはしませんが、世界各国の研究で共通することは、睡眠時間が短くなると肥満の危険性が上がるということです。これは成人であろうと子どもであろうと同様です。時々「最近太ってきたので減量したいのだけれど、なるべく楽をして痩せるにはどうしたらいいか？」と相談されることがありま

す。そういうときは「毎日早く寝ろ」とアドバイスしています。早寝を
すれば痩せる、これほど楽な減量法はないでしょう。肥満を含め、コン
ディションを良好に保つには、夜更かしをしないということは基本だと
思われます。夏休みなどで夜更かしの習慣がついて太ってしまった方は
是非、生活習慣を見直してみて下さい。

[参考文献]

1) Rachel R et al. Proc Natl Acad Sci USA 110(14): 5695-5700, 2013.
2) Spaeth AM et al. Sleep 36(7): 981-990, 2013.
3) Levet CSM et al. Proc Natl Acad Sci USA 110(12): E1132-E1141, 2013.
4) Shimba S et al. Proc Natl Acad Sci USA 102(34): 12071-12076, 2005.
5) Arble DM et al. Obesity (Silver Spring) 17(11): 2100-2102, 2009.
6) Hatori M et al. Cell Metab 15(6): 848-860, 2012.

16

組織酸素分圧の生理学（4）

新しい知見

　「組織酸素分圧の生理学」と題して『スポーツ医科学トピックス1』で執筆しました。あれから、またいくつか新しいことがわかってきましたので、紹介してみたいと思います。

　まずは簡単に組織酸素分圧について復習したいと思います。酸素分圧というのは、ある気体が存在することによって生じる圧力のうち酸素が占める分の圧力のことをいいます。たとえば、われわれが吸っている空気で考えてみましょう。われわれが生活している場所はほぼ1気圧（760mmHg）です。この空気中の酸素の割合は約20.9％です。つまり大気が存在することによって生じる1気圧（760mmHg）のうち約159mmHgは酸素によるものということになります。この酸素が持つ159mmHgという圧力（気圧）を酸素分圧と呼んでいます。

　われわれが呼吸している空気に含まれる酸素の量はいつでもほぼ一定であり、極端に高い山にでも行かない限りは大気圧もほぼ一定です。このような環境で空気を吸って生活していますので、われわれの身体の中の酸素量もほぼ一定であることから、われわれの身体を構成する細胞は、酸素量が常に一定であるという前提条件のもとに生きていることになります。そのため生体内の酸素量が変化すると、それは細胞にとってはストレスになります。

　しかし、トレーニングでもそうですが過度なストレスは身体の機能を損ないますが、適度なストレスであれば機能を高めます。たとえば、細胞が長時間にわたって低酸素状態に曝されると細胞死が起こりますが、

短時間であれば低酸素応答因子の活性化によって血管増殖や造血作用が惹起され、環境に適応するようになります。

酸素を増減

　生体が持つこのような適応能力をうまく引き出すために生体内の酸素分圧を増減させる方法が開発されてきました。高地トレーニングや低酸素室などは今では一般の人々の認知度も高いですが、これは生体内の酸素運搬量を減らすことによって生体に刺激を与え、身体機能を高めることを狙っています。

　これとは逆に酸素カプセルのようなものは、生体内の酸素量を増加させることによって様々な効果を狙っているわけです。競技スポーツ選手の低酸素環境利用の研究は1960年代後半あたりから盛んになった印象です。正確なところはわかりませんが、1960年のローマ、1964年の東京オリンピックのマラソン競技で連覇したアベベ・ビキラ選手が標高の高い国の出身だったことが、高地トレーニング研究が盛んになった契機だともいわれています。

高酸素と骨折の治癒

　一方、体内の酸素量を増やす高酸素環境は自然界では存在しないため医療分野では研究がされていましたが、スポーツ科学の分野で研究されることはほとんどありませんでした。しかし2002年のサッカーワールドカップ直前に、イングランド代表のデビッド・ベッカム選手が骨折治療に高圧酸素療法を用いて、予定より早く治癒したとの報道があり、スポーツ界でもにわかに脚光を浴びるようになりました。そのときの記事をよく覚えていますが、私自身の第一印象としては「眉唾ではないか」と考えていました。そこで骨と酸素分圧に関して様々な学術論文を調べてみると、それほど突拍子もないことではなく、効果があるのではないかと思うようになりました。

　昔から経験的には標高の高い場所でケガをして、そのまま高地に留まると治りが悪いということは知られていたようです。実験的にも、骨折

させたラットを低圧環境下で飼育すると骨折治癒が遅くなることが報告されています（文献1）。

Heppenstallらは犬の腓骨を骨折させた後に、心臓のシャント（shunt）手術を施し、骨折の治癒具合を検討しました（文献2）。ここでのシャント手術というのは、下大静脈（右心房につながっており、下半身の血液が集まって右心房に流れ込んでいる）を切り取って、直接右肺静脈につなげる手術です。こうすると、下半身から戻ってきた血液が肺を通らずにまた全身に送られ、結果として全身が酸素不足になります。その結果、骨折の治癒が遅延することが報告されています。

細胞レベルでの研究

細胞レベルでも様々な研究がされています。骨をつくる細胞に骨芽細胞というのがあります。Wuらは骨芽細胞を高気圧高酸素環境下で培養すると細胞増殖能が高まることを報告しています（文献3）。また、体内で骨がつくられるときには、カルシウムにリン酸が結合する反応が必須ですが、この反応には骨芽細胞のアルカリフォスファターゼ（ALP）という酵素が必要になります。このALPの活性は、高気圧高酸素環境下で上昇することが知られています（文献1）。これらの研究以外からも、どうやら生体内の酸素分圧が低下すると骨の成長を促す様々な反応（アナボリズム）が低下し、逆に酸素分圧が増加するとアナボリズムが高まるのではないかと予想されます。つまり、生体内の酸素分圧を高めてやると、骨折の治癒が促進されるのではないかと考えられるわけです。

実験で確認

そこで、このことを確かめるためにわれわれの研究グループではマウスを用いて実験をしてみました（文献4）。

まず、高気圧高酸素環境をつくり出すためのチャンバーを作製し、マウスを2絶対気圧で90％酸素環境下に置くことを可能にしました。1回あたり90分間の高気圧高酸素暴露を5日間連続で行って、その間の骨の

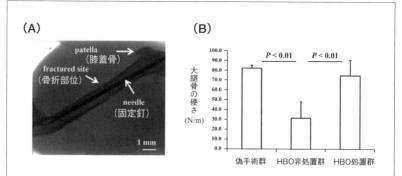

図16-1

石灰化速度（成長速度）を測定すると、通常飼育のマウスに比べて、腰椎でも大腿骨でも30％程度石灰化速度が向上することがわかりました。このことから、組織酸素分圧の増加は骨のアナボリズムを確かに高めるということがわかりました。

　次に、実際に骨折治癒が促進されるかを検討しました。マウスの大腿骨を外科手術により中央部で切断し、ヒトの治療と同様に、膝から固定釘を挿入して骨を固定します（図16-1A）。その後、週5日の頻度で1回あたり2絶対気圧で90％酸素、90分間の高気圧高酸素暴露を行い、6週間後に大腿骨を取り出して、骨の硬さを調べる破断実験を行いました。その結果、高気圧高酸素暴露を行うと完全に元通りに戻りますが、暴露を行っていない通常飼育のマウスでは、骨折をさせていないコントロール群と比較して40％程度の硬さに留まります（まだ完全に治癒していない。図16-1B）。

　以上の結果から、少なくともマウスにおいては高気圧高酸素環境に暴露することによって骨折の治癒が促進されることがわかりました。

少し違う環境が刺激に

　現在、骨折の治療に高気圧高酸素療法を用いることには保険が適用されていません。基礎研究も含めて、科学的なエビデンス（知見）の蓄積が不足していることも理由かと思われます。今後は、ヒトでの臨床試験も含めて効果を証明していくことが必要かと思われます。

　毎日、あまり気にもせずに吸っている空気ですが、生体は大気圧が760mmHgで酸素濃度が20.9％であることに慣れきっているがゆえに、その環境が少しでも変化すると様々な反応を示します。トレーニングでも同じですが、生体をいつもと少し違う環境に曝して、ほんの少し驚かせてやるというのが、生体の潜在機能を引き出すコツなのかもしれません。

[参考文献]
1) Makley JT et al. J Bone Joint Surg Am 49(5): 903-914, 1967.
2) Heppenstall RB et al. J Bone Joint Surg Am 58(8): 1153-1156, 1976.
3) Wu D et al. Connect Tissue Res 48: 206-213, 2007.
4) Kawada S et al. PLoS ONE 8(8): e72603, 2013.

17

イメージと実際
糖尿病について

糖尿病のイメージ

　最近、ある会話の中で気になる発言を聞きました。肥満と健康についての話をしていたときに、糖尿病の話になりました。その人がいうには「知人で2型糖尿病になった人がいるのですが、そんなに自堕落な生活をしているふうにも見えなくて、どうして糖尿病になったのか不思議なのですよね」とのことでした。近年は糖尿病に対する誤解が減ってきていますが、一部で根強く「2型糖尿病＝自堕落な生活習慣」という誤解が残っているようです。本書の読者の中には、多種多様な人々の運動・健康指導をされている方も多くいると思われます。運動・健康指導をされている対象者の中に2型糖尿病の人もいるかと思います。ここで改めて2型糖尿病についての情報を整理してみたいと思います。

　ご存知の通り、糖尿病には大きく分けて1型と2型があります。糖尿病とは簡単にいえば血液中の糖（血糖）が異常に多い状態が継続している状態です。正常な状態であれば、血糖は膵臓のβ細胞から分泌されるインスリンというホルモンの作用により、各臓器に取り込まれるため常時血糖が高い状態が続くことはありません。この膵臓のβ細胞が免疫の異常により免疫細胞に攻撃され、破壊されてしまうことによって生じる糖尿病が1型糖尿病です。1型糖尿病は自己免疫性疾患であり、生活習慣とは関係なく発症します。遺伝の影響が強いのではないかと考えられてもいますが、たとえば一卵性双生児の片方が1型糖尿病だからといって、もう一人も1型糖尿病になるかといえば、そうでもありません。文献にもよりますが、発症一致率は30％程度です。つまり、遺伝の影響が

101

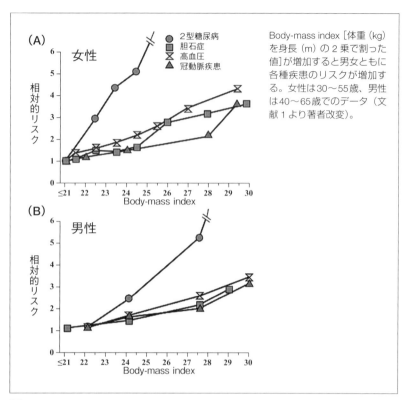

図17-1

全くないとはいえませんが、何らかの偶然により誰にでも発症する可能性もある病気であるといえます。このような認識は社会的にもかなり広まっており、1型糖尿病だからといって「自堕落な生活をしていたのですね」という偏見を持たれることはほとんどないのではないでしょうか。

生活習慣の積み重ね？

　一方、2型糖尿病は肥満や生活習慣の乱れと関連づけて捉えられがちです。2型糖尿病は1型のような膵臓β細胞の破壊は起こりません。2型糖尿病の発症には「インスリン抵抗性の亢進（インスリンが効きにく

くなる）」と「インスリン分泌不全」が関与しています。肥満者では血中インスリン濃度が高い傾向があります。しかし血糖値を低下させる作用があるインスリンの濃度が高いにもかかわらず低血糖にはならないことから、肥満者ではインスリン抵抗性があると考えられます。

　また、2型糖尿病は「生活習慣病」のひとつになっています。生活習慣病とは、厚生労働省のホームページによると「毎日のよくない生活習慣のつみ重ねによってひき起こされる病気」と記載されています。肥満と病気の関係を見ると、男女ともに肥満になると2型糖尿病などの発症リスクは上昇していきます（図17-1、文献1）。これからいえることは肥満によって2型糖尿病になった人は、糖尿病の原因は肥満である可能性が大きいということです。しかし、だからといって2型糖尿病の人は全員肥満かといえばそうではありません。

　実際に皆さんの周囲の人で2型糖尿病の人は全員肥満でしょうか。見渡してみると、そうでない人が多くいることがわかります。「肥満」や「よくない生活習慣」は2型糖尿病と無関係ではありませんが、これのみが強調され、独り歩きしている印象も拭えません。

　2型糖尿病に関する歴史を眺めてみると、意外に思われるかもしれませんが、発症は生活習慣と関係しているというよりも、むしろ遺伝の影響が強いのではないかと考えられていました。ある病気の発症が遺伝の影響を強く受けるか、後天的な（環境の）影響を強く受けるかを見積もるときに参考になるのが双子に関する研究です。われわれのゲノムDNAは23対（46本）の染色体からなります。両親から23本ずつ受け継ぐわけですが、一卵性双生児は1つの受精卵が2つに分かれたものですので、一卵性双生児同士の染色体一致率は100％です。二卵性双生児の場合はお互いの染色体一致率は50％になります。

　仮にある病気が遺伝の影響を強く受けるのであれば、一卵性双生児は二卵性双生児よりも遺伝の影響が強く出るはずです。そこで糖尿病を見てみると、二卵性双生児の片方が2型糖尿病の場合、もう一方も2型糖尿病になる発症一致率は20％程度といわれています。ところが一卵性双生児の場合の発症一致率は、二卵性双生児の発症一致率をかなり超えます（文献にもよりますが50〜80％程度。文献2）。このことは、2型糖尿病が遺伝の影響を強く受けていることを示しています。

実験動物のラットの系統の中にGoto-Kakizakiラットという２型糖尿病を発症するラットがいます。このラットは日本で開発されたものですが、どのようにつくられたかというと、ラットに糖を与えて、生まれながらに血糖値が上昇しやすく下降しにくいラットを選別して、そのラット同士を掛け合わせていく方法でつくられました。もし、２型糖尿病が遺伝の影響を受けないのであれば、どんなに血糖値が高めのラットを掛け合わせても糖尿病のラットはつくれないはずです。Goto-Kakizakiラットがつくられたのが1970年代で、今では世界中で糖尿病研究の分野で使われていますが、今でも２型糖尿病を発症します。つまり、ラットでは２型糖尿病の両親から生まれた子どもは２型糖尿病になるということです。ヒトでも両親が２型糖尿病の場合は子どもが２型糖尿病になる確率は、糖尿病でない両親の子どもより高いことが知られています。これらのことからも２型糖尿病が遺伝の影響を強く受けていることがわかります。

多くの因子が影響

　それでは、２型糖尿病は１つの遺伝子によって引き起こされるのでしょうか。これまでの研究で、単一の遺伝子によって引き起こされるのではなく、複数の遺伝子の変異と環境要因により発症する多因子性疾患であると考えられています（文献３）。現在、世界中で２型糖尿病と関係がありそうな遺伝子の変異の探索が行われています。ゲノムDNA全体を網羅的に調べるゲノムワイド関連解析という方法がありますが、これによって、２型糖尿病と関連する40以上の遺伝子領域が同定されています（文献４、５）。

　現在、報告される遺伝子領域は日々増えています。また、近年は欧米人と日本人を含む東アジア人では、２型糖尿病に関与している遺伝子に違いがあることも指摘されています。確かに欧米人の２型糖尿病患者は肥満を伴うことが多いですが、日本人では肥満が伴わない場合も多いといわれています。また、日本人は欧米人と比べインスリン分泌量が少ない体質の人が多いことも知られています。これらのことから、欧米人と日本人では２型糖尿病に関連する遺伝子の種類に違いがあっても不思議

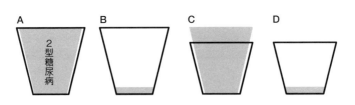

2型糖尿病になりやすい人となりにくい人の概念
遺伝的に2型糖尿病になりやすい人は、喩えるなら、生まれながらに今にもコップから水が溢れそうな状態であるといえる（A）。一方、遺伝的になりにくい人は水が溢れるまで、まだまだコップに余裕がある（B）。また、遺伝的に2型糖尿病になりやすい人は、老化と伴に水の量は増えなくてもコップの高さが削られ、水が溢れてしまう（C）。2型糖尿病になりにくい人は、たとえ老化とともにコップの高さが削られても余裕があるので水は溢れない（D）。

図17-2

ではありません。いずれにしても、2型糖尿病の発症には少なくとも数十種類の遺伝子が関与していると思われます。

　以上のことから、2型糖尿病を発症するかどうかは以下のように考えられるのではないでしょうか。たとえば、2型糖尿病の発症に関連する遺伝子が50個あったとします。この50個全部が生まれながらに発症しやすいタイプの人はほんの少し、普通の人では全く問題にならない程度に生活習慣が乱れただけでも発症してしまいます。しかし、50個全部が発症しやすいタイプでない人はどんなに生活習慣が乱れても発症しません。また、50個全部が発症しやすいタイプの人は規則正しい生活を送っていても、老化によって身体機能が弱ってくると発症する可能性が高まると考えられます（図17-2）。このように考えると、生活習慣が2型糖尿病に関係していないとはいえませんが「2型糖尿病＝自堕落な生活」というイメージは偏見であるといえます。

生活習慣も重要

　このようにいうと、今度は「2型糖尿病は遺伝の影響が強い」ということだけが強調され独り歩きすることを懸念しますが、当然のことながら生活習慣も同程度に重要です。前述した通り肥満は2型糖尿病の発症

リスクを高めるといいました。本邦では肥満者の割合が増加していると紹介しました。では、本邦では2型糖尿病患者数は増加しているのでしょうか。

実は大変興味深いことに厚生労働省の資料ではここ10年以上、約250万人前後で一定です。肥満者は増加しているのに2型糖尿病患者は増えていないということは、肥満と2型糖尿病は無関係なのではと思われる方もいるでしょう。しかし、「糖尿病が強く疑われる人」と「糖尿病の可能性が否定できない人」の数は年々増加しています。現在では2000万人を超えています。つまり、2型糖尿病の推定数は年々増加しているにもかかわらず、実際の患者数は一定ということです。これは推定数が過大に見積もられているという可能性が多少はあるかもしれませんが、糖尿病にもかかわらず治療を受けていない人が大勢いると考えられています。医療機関を受診していなければ実数としてカウントされませんので、このように推定数と実数の乖離が生じています。糖尿病自体が即、死につながるわけではないことが治療の遅れにつながっているものと考えられますが、糖尿病は確実に身体を蝕みますので、これから数十年後の日本を考えたときに社会的に大きなリスク要因になると思われます。

わずか十数年の間に日本人の遺伝子に変異が蓄積したとは考えられません。この2型糖尿病患者数の増加分は生活習慣の要因が大きいと思われます。「2型糖尿病＝自堕落な生活」というのは偏見ですが、だからといって、肥満や生活習慣の乱れのリスクを過小評価するのも間違いです。物事のある一部分を切り取って強調するのは、話としては単純で矛盾がなくなるため人々に受け入れられやすいのですが、それでは重要なことを見落としてしまいます。糖尿病も遺伝と生活習慣の両方の影響を正確に把握したうえで、イメージに惑わされずに適切な対策を取ることが重要であると思われます。

[参考文献]

1) Kopelman PG. Nature 404: 635-643, 2000.
2) Diamond J. Nature 423: 599-602, 2003.
3) O'Rahilly S et al. Science 307: 370-373, 2005.
4) McCarthy MI. N Engl J Med 363: 2339-2350, 2010.
5) Imamura M and Maeda S. Endocr J 58: 723-739, 2011.

18

想定したうえで指導する
高齢者に対する減量指導

意見の相違は当然

　トレーニングや栄養指導に関わっている指導者は、指導中に選手やクライアントから以下のようなことを尋ねられた経験が一度はあるのではないでしょうか。「○○というトレーナーはこういっていたのですが」「テレビで専門家がこういっていたのですが」や、「かかりつけの医者がこういっていたのですが」などなど、自分の指導のもとになっている理屈とは異なる意見を他の誰かがいっていたので、どちらが正しいのですかという質問です。

　意見の相違というのは指導する側の立ち位置や、指導を受ける側の目的によって当然生じるものです。たとえば「適正な体重にしたい」という人に対して、その人が相撲の競技者なのか、競技スポーツは行っていない一般の人なのかによって「適正」の意味が違ってきますし、取り得る手段も異なります。異なる意見が科学的知見に基づいている場合、それぞれの指導者の目線（立ち位置）を考慮すると、たとえそれぞれの意見が仮に正反対であっても、両方とも正しいということはあり得ます。しかし、指導する側は異なる意見があることは理解したうえで、そのことは想定内であるということをクライアントに説明する必要があります。

高齢者への減量を例に

　具体的な事例を挙げれば「高齢者に対する減量指導」というのは対立

107

する意見が多く出る分野です。現在の本邦の高齢化社会を考えると、トレーナーの指導対象として今後ますます高齢者の割合が増加してくると思われます。パーソナルトレーナーで活動されている方や、フィットネスクラブなどで指導に従事されている方々の中には、高齢者の減量に携わっている方も多いかと思います。やや肥満の高齢者が「家族にダイエットを勧められたから減量しようと思う」といえば、確かに肥満は様々な疾患のリスクファクターのひとつであるため、食事制限をして痩せたほうがいいように思えます。対象者が若者や中年であれば指導する側の立ち位置が違っていても、意見の相違はそれほど出ないと思われますが、対象者が高齢者の場合は異なる意見が出る可能性があります。つまり、「減量したほうがいいですよ」という意見と、「減量の必要はない」という意見です。この章では「高齢者に対する減量指導」に関する情報を提供し、もし、高齢者の方から「減量したい」と要望された際の指導の参考にしていただければと思います。

BMIと死亡率の関係

BMI（Body Mass Index）という指標があります。これは体重（kg）を身長（m）の2乗で割ったものです。死亡率で見ると、BMIが22〜23あたりが最も低く、それより増加しても減少しても死亡率は上昇します。本邦ではBMIが25以上であれば肥満と判定され、健康診断などではBMIが22〜23ぐらいになるように生活習慣を改めましょうと指導される場合があります。そこで、高齢者の方が「私はBMIが25で肥満だから減量したい」と希望し、「では、食事制限をして減量しましょう」と指導する場合、意見の相違が出ると思われます。

全年代で見た場合、確かにBMIが22〜23あたりが最も死亡率が低いのですが、年代別で見ると、高齢者ではBMIは25あたりが最も死亡率が低くなります（文献1）。昔から「長生きには小太りぐらいがちょうどいい」とはよくいわれていますが、疫学的に見ると確かにそのようです。高齢者の場合は多少の肥満より、むしろ痩せのほうが健康へのリスクが高いともいわれます。食事制限による減量の場合、相当に注意深く行っても筋肉量の減少も伴います。加齢によって筋肉量が減少している

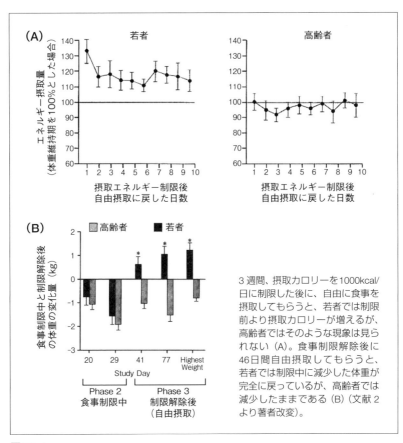

図18-1

ところに、減量によってさらに筋肉量が減少すると体力の低下に結びつきます。また、若者の場合、カロリー制限をして少し体重が落ちすぎた場合、摂取カロリーを増やして体重を少し戻すといった微調整ができますが、高齢者だとそれが難しいとの指摘もあります。

　Robertsらは若者と高齢者に3週間にわたって1日あたりの摂取カロリーを1000kcalに制限し、その後、自由に摂取する食事に戻した場合、摂取カロリーがどのように変化するかを検討しています（文献2）。その結果、若者では食事制限解除後、摂取カロリーはカロリー制限前より増加します。しかしながら、高齢者では、そのような現象は見られませ

ん（図18-1Ａ）。体重の増減を見ると、実際に食事制限の3週間の間に若者と高齢者では同程度の体重減少が見られ、食事制限解除後、46日間追跡すると若者では減少した体重が元に戻っていますが、高齢者では減少したままです（図18-1Ｂ）。これは高齢者の場合、上手に脂肪だけ減量できればリバウンドは起こりにくいとも解釈できますが、一方で、筋肉を失ってしまうと戻しにくいとも考えられます。高齢者では一度食事量が落ちると、体重を戻そうと思って意図的に食事量を増量することが難しい可能性がありますので、高齢者に減量指導する場合は想定しておくべき問題と思われます。

体重減少と死亡率の関係

　以前より、様々な研究によって、体重の減少と死亡率の上昇には関係があると指摘されてきました。しかし、体重の減少といっても、それが病気などによって結果として減少してしまったものなのか、意図的に減少させたものなのかは区別して考える必要があります。Sφrensenらは1975年から1981年までの6年間でBMIが25以上の者を対象にして、体重をBMIで1以上意図的に減量した者と、体重を気にせず結果として同じ体重を維持していた者、BMIで1以上増加してしまった者とに分け、その後1999年まで18年間追跡し、死亡率を検討しています（文献3）。BMIで1以上といってもあまりピンとこないかもしれませんので例を挙げると、身長170cm、体重80kgの人が77kgまで減量するとBMIで約1減量したことになります。彼らの報告では意図的に減量しても、体重を維持していたグループや、増加したグループより死亡率が高いことが示されています（図2）。

　体重の減少が死亡率の上昇につながることを報告した研究をまとめると、2〜5kgの意図的な減量により死亡率は1.3〜1.9倍になるとされています（文献3-5）。ただし、近年、肥満の高齢者の減量は死亡率を上昇させないといった報告や、死亡率の低減効果があるといった報告もあります（文献6、7）。調査の規模としてまだ小規模なのと、2つの報告とも同じ研究グループによるものということもありますので、死亡率を低減させるかどうかは、複数のグループによるより大規模な調査が待た

れます。

推測として

　では、なぜ高齢者では肥満によって死亡率が上昇しないのでしょうか。これについてはよくわかっていません。

　1つ大変興味深い研究があります。Kukらは18〜64歳の年齢層では、標準体重（BMIが18.5〜24.9）の人と高度肥満（BMIが35以上）の人を比較すると、死亡率は男性で2.85倍、女性で4.26倍と高度肥満で高くなりますが、65〜75歳の年齢層で見た場合、高度肥満の場合が標準体重の場合と比較して死亡率は男性で0.84倍、女性で0.64倍と逆に低くなると報告しています（文献8）。これは個人的な推測でしかありませんが、65歳以上で高度肥満の場合、その人たちが64歳までは標準体重であり、65歳以上になって突然肥満になったとは考えられません。おそらく中年のときから肥満であったと思われます。中高年の肥満では死亡率が高く

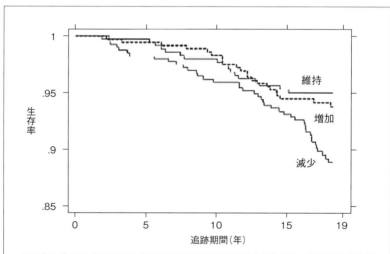

1975年から1981年までの6年間で意図的に体重を減少させた者と、意図せず体重が増加した者、維持した者に分け、その後18年間追跡すると、体重を減少させたグループがその他のグループより生存率が低かった（文献3より著者改変）。

図18-2

なりますので、通常の高度肥満の人は65歳になるまでに病気になったり死亡したりして、肥満に対して耐性が低い人がある程度排除され、肥満でも健康障害を起こさないような身体が頑丈な者が生き残るため、見かけ上、65歳以上では高度肥満のほうが死亡率は低いという結果になっている可能性もあります。

問題は65歳以上

では、実際の減量指導はどうするべきなのかということになりますが、64歳以下の中高年の肥満の場合は、通常の肥満対策で行われているような1年間で5％程度の体重減少を目指す方法で問題ないように思われます。

問題は65歳以上ということになります。これについては私自身、明確な答えは持ち合わせていませんが、減量する場合は、筋肉量の減少はできるだけ少なくしなければいけません。食事制限に運動を併用すれば大丈夫ではないかと思いがちですが、65歳以上の高齢者の場合、運動を併用しても食事制限に対する筋肉量減少の効果は思っている以上に大きなものがあります。

Villarealらは65歳以上の肥満の高齢者に対して、食事制限とレジスタンストレーニングや持久的な運動を含むプログラムを1年間実施し、体重が9％減少し、筋力、歩行能力などの運動機能も上昇したが、除脂肪体重は3％低下したことを報告しています（文献9）。運動プログラムは行わないで食事制限だけの場合、体重は10％減少し、除脂肪体重の減少は5％だったと報告しています。運動も併用したほうが除脂肪体重の減少幅は小さいですが、相当に注意深くプログラムを行っても、やはり体重が減少するような食事プログラムを併用するときは、筋肉量も多少なりとも減少する危険性があります。

65歳以上の肥満の高齢者に対して減量指導をすることが正しいかどうかは私にはわかりませんが、体重減少が死亡率の上昇を起こさず、むしろ下げると報告したSheaらの研究では体重減少の目安を18カ月間で5％としています（文献7）。少なくとも、この数値は頭に入れておいてもいいかと思います。

高齢者の減量指導に携わっている方は「減量すると死亡率が上昇するという話を聞いたのですが、減量しても大丈夫でしょうか？」と高齢者の方に質問されることもあるかと思います。その際に、そのような研究報告があることをわかったうえで、自分がどのような理屈で減量指導をして、そのことがどのように相手の健康増進に貢献するのかということを、理論立てて説明できるようにしておくことが必要であると思われます。

［参考文献］

1）Matsuo T et al. Obesity 16: 2348-2355, 2008.
2）Roberts SB et al. JAMA 272: 1601-1606, 1994.
3）Sφrensen TIA et al. PLoS Med 2(6): e171, 2005.
4）Yaari S and Goldbourt U. Am J Epidemiol 148: 546-555, 1998.
5）Nilsson PM et al. J Intern Med 252: 70-78, 2002.
6）Shea MK et al. Am J Clin Nutr 94: 839-846, 2011.
7）Shea MK et al. J Gerontol A Biol Sci Med Sci 65(A): 519-525, 2010.
8）Kuk JL and Ardern CI. J Am Geriatr Soc 57: 2077-2084, 2009.
9）Villareal DT et al. N Engl J Med 364: 1218-1229, 2011.

19

見慣れた風景を分析する

面白いことが見えてくる

いつも何気なく行っていることや、何気なく目にすることを改めて深く考えると、新しいことに気がつくということはよくあります。誰も気がついていないことに気がつけば、それは研究の世界ではひとつの仕事になります。おそらく競技スポーツでも、あまりにも当たり前のため見落とされていることが多いのではないかと思っています。

新しいことに気がつくためには、データを収集し、分析することが必要になります。では、日常の何気ないことを分析すると、いろいろと面白いことが見えてくるという例を紹介したいと思います。

利き手の割合の謎

皆さんは自分の利き手、利き足、利き耳、利き目は左右どちらでしょうか。面白いことに、利き足、利き耳、利き目の左右比は1:2になります（文献1）。ところがなぜか利き手の割合だけは左右比は1:9になります（文献2、3）。手が左利きの人は確かに周囲を見渡しても、10％ぐらいしかいません。この割合は古代から同じであるともいわれています。今のところ利き手を決める遺伝子は見つかっていませんし、一卵性双生児は両方同じ利き手になるわけではないことも報告されていることから、利き手が遺伝と環境のどちらの影響を強く受けるのかはよくわかりません。

手の左利きの割合が少ない理由は生命科学的にはわかっていません

が、社会学的に考察すると面白い説があるようです。もし、社会が完全に100％の協調性を求める社会であれば、利き手は100％右になると考えられます。それは、少数の左利きの人のために左用の道具をつくるといった無駄を省くためです。社会において少数の人のために融通を利かせることは協調性を乱すということです。

　では、逆に協調性を求めない社会とはどういう社会でしょうか。たとえば対戦型の競技スポーツがそうです。野球でも、格闘技でも、対戦相手の嫌がること、不意をつくことが勝利につながりますので、対戦相手に対しては協調性を乱すこと、つまり競争性を高めることが重要です。協調性を乱そうと思えば、異端な者あるいは異端な方法を投入するのが効果的と考えられます。

　たとえば、一般社会では少数の者（利き手が左の者）を投入するというのが考えられます。そこで野球を例に考えてみると、野球の場合、直接的に対戦するのは投手と打者です。そこで、日本のプロ野球の選手名鑑を眺めてみると、左投手の割合は約30％になります。2014年セ・リーグの覇者となった読売巨人軍では左投手の割合は40％にもなります。社会全体での左利きの割合の10％と比べて異常に高いことがわかります。つまり、協調性を乱して勝利を得ようとする野球競技では、左投手を相当な割合で投入することが有利になるという考えが作用して、一般社会とは異なる歪な左右比になっていると考えられます。それだけ競争性の高い社会ともいえます。

　ボクシングでも世界チャンピオンの20〜30％は左利きです。これも、相手が防御をしていないところを狙うという、ひたすら協調性を乱す競技ですから左利きの人の参入が増えることになります。Abramsらは社会における協調性と競争性を指標として数理モデルを作成し、そのモデルを使って様々な競技スポーツで左利きの割合を推測したところ、実際の結果と一致することを報告しています（文献４）。

　以上のことを考慮すると、左利きの人で何か競技スポーツで大成したいと考えている人は、競技を選ぶ際にその競技での左利きの割合を調べるということも参考になるかもしれません。また、ボクシングでは伸び悩んでいる右利きの人は、サウスポーへ転向することもひとつの手かもしれません。実際にボクシングではサウスポーに転向する人もいるよう

キスをするときに首を左右どちらに傾けるかという左右比は1:2になる（文献5）

図19-1

です。

単なる右か左かというだけでも、深く考えるとなかなか興味深いものがあります。

首をどちらに傾けますか

もうひとつ、左右に関することで気楽な話を紹介してみたいと思います。最初に左右比は手だけは1:9ですが、その他のものは1:2になるということを話しました。実は大変面白いことに、キスをするときに左右どちらに首を傾けるかという割合も、左右比は1:2になることが知られています（図19-1、文献5）。

Güntürkünは米国、ドイツ、トルコの国際空港、大きな鉄道の駅、ビーチや公園でキスをしているカップルを観察し、首を左右どちらに傾けているかを観察しました。その結果、124組のカップルのうち80組（64.5％）は右、44組（35.5％）は左だったそうです。キスの左右比が1:2になったのは偶然なのか、それとも足や耳のように1:2になるのかは

計算でも確認することができると著者は述べています。たとえば、ここに9組（18人）のカップルがいるとします。首を傾ける方向の左右比が1：2だとすると、右が12人、左が6人になります。この18人をランダムにカップルにした場合、右同士のカップルが4組、左同士のカップルが1組できます（お互い右あるいは左同士であればキスをするときに鼻がぶつかりません）。残りの4組は右の人と左の人の組み合わせ（そのままだと鼻と鼻がぶつかります）になります。この鼻がぶつかるカップルは、カップルの片方が相手に合わせて首を傾ける方向を本来の向きとは逆の方向に変えるしかありませんが、その変える方向がランダムに起こるとすると、右同士、左同士のカップルが2組ずつできることになります。結果として、右同士が6組、左同士が3組になりますので、観察によって得られた左右比1：2と合致します。

　では、なぜ首を右に傾ける人のほうが多いのかは、これも実はよくわかっていません。胎児が生まれてくる直前の数週間では、母親のお腹の中で右を向いている確率が高く、また生まれてからの半年間は右を向くことを好むらしく、それが影響しているのではないかともいわれていますが、はっきりと証明されているわけではありません。

どんなことにも発見が

　どのようなことでも、注意深く観察して深く考えると新たな発見があります。おそらく競技スポーツでも、一見どんなにつまらないと思われることや競技とは全く無関係と思われることでも、あらゆるデータを収集して分析してみると、新たな戦術の開発や人材発掘のヒントになるのではないでしょうか。

［参考文献］

　1）Reiss M and Reiss G. Percept Mot Skills 85: 569-574, 1997.

　2）Raymond M et al. Proc R Soc Lond B 263: 1627-1633, 1996

　3）Frayer DW et al. Laterality 17: 1-19, 2011.

　4）Abrams DM and Panaggio MJ. J R Soc Interface 9(75): 2718-2722, 2012.

　5）Güntürkün O. Nature 421(6924): 711, 2003.

ドーピング
出るならヤルな、ヤルなら出るな（5）

資格停止処分の根拠

　『スポーツ医科学トピックス1』でドーピングについて様々なことを紹介しました。スポーツ界では、世界アンチ・ドーピング機構（WADA）がドーピングについてのルールを決めていますが、2014年、WADAではそのルールについて大きな動きがありましたので、それにまつわることについて考えてみたいと思います。

　2014年以前のルールでは原則として禁止薬物が検出された場合、1回目の違反では最大で2年間の資格停止処分となります。しかし、2014年11月、この資格停止期間が4年間になるという案がWADAで承認されました。そのため、2015年からは原則4年間の資格停止処分となります。仮に選手の全盛期に4年間の資格停止となれば、その選手はトップ選手としては、ほぼ「終わった」といえるのではないでしょうか。それほど重い処分になります。

　この資格停止期間は、どのような根拠に基づいて決められているのでしょうか。禁止薬物の摂取を2年間あるいは4年間やめれば完全に薬が体内から除去されるという意味なのでしょうか。興奮剤にしてもアナボリックステロイドのような筋肉増強剤にしても、体内から完全に排出されるまでに2〜4年もかかるようなものは、私が知る限りありません。

　この期間がどのような根拠に基づいて決められたのかは、いろいろ調べてみてもよくわかりません。もしかすると懲罰的なものとして「これぐらいでよいのでは」という感じで決まったのかもしれません。

期間は妥当か

では、科学的な視点から見た場合、この2年間、あるいは4年間という期間は妥当なのでしょうか。たとえば、われわれは一度自転車の乗り方を覚えたら、10年間自転車に乗っていなくても乗れなくなることはありません。このことは、修得した動作技術というのは相当に長く身体に残ることを示しています。もし、技術を修得させるような薬が存在し、その薬によって修得した動作技術が、薬を抜いた後も何年間も残存するということであれば、資格停止期間の2年間や4年間というのは短すぎるともいえます。しかしながら、現在のところ直接的に技術を修得させるような薬は知られていません。

では、筋力や筋肉量はどうでしょうか。いくつか大変興味深いデータがあります。Erikssonらは平均9年間、テストステロンをはじめとした

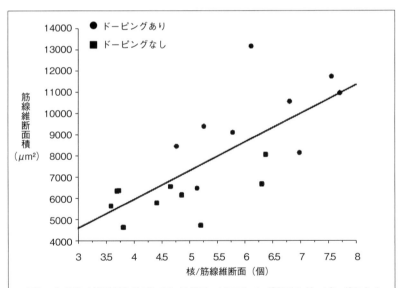

平均9年間筋肉増強剤を使用しているパワーリフティング選手とドーピングを全く行っていない選手を比べると、筋断面積はドーピングを行っている選手のほうが大きく、また、筋線維断面あたりの核数も多い。筋肉が肥大するときは核も筋線維に追加されていることがわかる（文献1より著者改変）。

図20-1

何種類かの筋肉増強剤を使用しているパワーリフティングの選手と、全く使用経験のない選手の筋肉を採取し検討しました（文献1）。

その結果、筋線維断面積はドーピングをしている選手のほうが太く、また筋線維断面あたりの核（筋核）もドーピングをしている選手のほうが多いことがわかりました（図20-1）。筋細胞の核の増加は筋肥大時には見られる現象ですが、この核の増加は筋細胞の周囲に存在する筋サテライト細胞が増殖し、筋細胞に融合した結果として起こります。

近年、筋サテライト細胞による筋核の追加は筋の再生には必須であるものの、筋肥大には必ずしも必須ではないとの報告もあります（文献2）。しかしながら、筋タンパク質合成を高めるには核の機能が不可欠なため、激しいトレーニングからの筋肉の回復には核が多いほうが有利になると考えられます。

このドーピングをしているパワーリフティング選手の場合、ドーピングによって筋力が向上し、その結果ドーピングをしていない選手より高強度のトレーニングが可能になり、その高強度の刺激によって筋サテライト細胞が活性化し筋核が増えたのでしょうか。あるいは、筋肉増強剤そのものに筋核を増加させるような効果があり、その結果筋肥大が起きやすくなり、ドーピングをしていない選手より筋肥大を起こしたのでしょうか。

このことを明らかにするために、Sinha-Hikimらは健康な成人男性（18歳〜35歳）61人を5群に分け、筋肉増強剤であるエナント酸テストステロンを週あたり25、50、125、300、600mgを20週間投与し、筋核が増加するかを検討しています（文献3）。

その結果、被験者は全くトレーニングをしていないにもかかわらず、週あたり600mg投与した群では筋肥大を起こし、また筋核も増加していることがわかりました（図20-2）。このことは、筋肉増強剤そのものに、筋核を増加させる効果があることを示しています。

筋核の残存期間

ここで、この増加した筋核が薬物投与をやめた後、どれぐらいの期間残存するかは大きな問題であると思われます。たとえば、ドーピングを

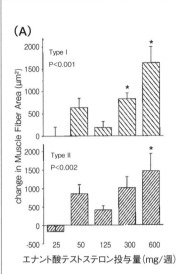
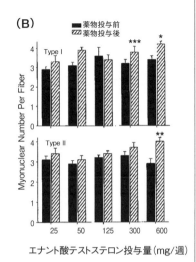

筋肉増強剤であるエナント酸テストステロンを20週間投与すると、600mg/週投与した群では遅筋（Type I）線維と速筋（Type II）線維とも投与前より有意に肥大する（A）。300mg/週では遅筋線維のみ有意に肥大している。筋核も、600mg/週の投与で投与前に比べ速筋、遅筋線維ともに増加している（B）。300mg/週の投与では遅筋線維のみ筋核が増加している（文献3より著者改変）。

図20-2

して筋肥大と筋核の増加を引き起こしたとします。その後ドーピング違反で、2年間あるいは4年間資格停止となり薬物摂取もやめたとします。薬を抜いても筋核がずっと残っているのであれば、トレーニング効果の出やすい体質は残ったままですから、これは相当に不公平であると思われます。

これについて、Egnerらが大変興味深い報告をしています（文献4）。彼らはマウスを2群に分け、一方にはプロピオン酸テストステロンを2週間投与し筋核を増加させ、もう一方には偽薬を投与しました（偽薬群は筋核の増加は起こりません）。その後3ヵ月間薬の投与をやめます。そうすると、薬物によって増加した筋肉量は元のレベルまで戻ります。

筋肉量が元のレベルまで戻った状態にして、今度は両群に薬を投与しない条件で筋肉に力学的過負荷を課したところ、過去にテストステロン

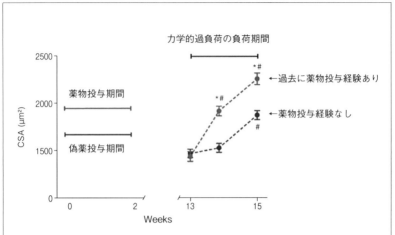

プロピオン酸テストステロンを2週間投与し筋核を増加させ、その後3カ月間薬物投与を中止すると筋核は増加したままで、筋断面積（CSA）は薬を投与していない群と同程度まで戻る。その後、筋肉に力学的過負荷を負荷すると過去に薬を投与していた群のほうが筋肥大効果は高い（文献4より著者改変）。
#P< 0.001 vs 力学的過負荷を負荷する前
*P< 0.001 vs 薬物投与経験なし群

図20-3

を投与していた群のほうが筋肥大の程度は大きくなりました（図20-3）。これは、薬を3カ月間抜いても筋肉量は元のレベルまで減少するものの増加した筋核は減少せず、その後の力学的過負荷時の筋肥大に対して有利に作用したと考えられます。

　薬物投与をやめてから3カ月間というのはマウスの寿命の10％以上の期間です。ヒトの寿命を80歳とした場合、薬を抜いても少なくとも8年間以上はドーピングの効果の一部は残存する可能性を示しています。

　以上のことを考慮すると、筋肉増強剤によるドーピング違反の場合は、資格停止期間の4年間というのも短いと思われます。競技の公平さを考慮すれば、1回目の違反から永久追放にすべきではということも議論されていいように思われます。

[参考文献]

1) Eriksson A et al. Histochem Cell Biol 124: 167-175, 2005.
2) McCarthy JJ et al. Development 138: 3657-3666, 2011.
3) Sinha-Hikim I et al. Am J Physiol Endocrinol Metab 283: E154-E164, 2002.
4) Egner IM et al. J Physiol 591(24): 6221-6230, 2013.

21

プロテイン
いつ飲む、今飲む、後で飲む？ （2）

メタアナリシス

『スポーツ医科学トピックス1』で「プロテインはいつ飲むか？」という話題を紹介しました。プロテインを飲むタイミングに関する研究は多くあり、結局、1日に必要なプロテイン量を数等分し、そのうちの2回をトレーニングの前後に持ってくるのが「とりあえずは」いいのではないかという話をしました。その後、またいくつか興味深い研究が報告されましたので紹介してみたいと思います。

ここではプロテイン摂取に関する報告ですが、メタアナリシス（Meta-analysis）という研究手法によって明らかとなったものです。最初に、このメタアナリシスについて簡単に説明します。研究の世界では、ある物質に効果があるかどうかを検討するときは、実際にその物質をヒトや実験動物、あるいは細胞に投与してみて反応を見るという実験をします。そこで出てきた結果を統計処理し判定します。当然のことながら、実験のサンプル数が多ければ多いほど判定の確度は高まります。しかし、実際は時間や費用などの制限がありますので、それほど多くのサンプル数を取得できません。そうすると、統計処理をして仮に「効果がない」という判定結果になっても、サンプル数が少ないために誤って「効果がない」という判定を下している危険性を孕みます。そこで、ひとつの解決方法として、すでに報告されている多数の論文のデータを全部足して解析するという研究手法があります。これをメタアナリシスと呼んでいます。メタアナリシスの歴史は古く、1904年にPearsonが腸チフスのワクチンの効果を評価するために行ったのが最初といわれていま

す。メタアナリシスの研究で他にも有名なものとしては、プラセボ（偽薬）の効果に関するものがあります。活性の全くない薬剤（プラセボ）でも、ある人にとっては効果を示す場合があるとの報告があります。Beecherは1955年にプラセボの効果は、約35％と報告しています（文献1）。

　ただし、当時はまだメタアナリシスの手法自体にはっきりとした国際ルールがなく、いくつかの問題点が指摘されています。詳細は割愛しますが、現在はコクラン共同計画というものがあり、ここで示されている方法論でメタアナリシスを行うことが一般的になっています。そこで、Hróbjartssonらが改めてプラセボ効果に関するメタアナリシスを行ったところ、プラセボには効果がないと報告しています（文献2）。

　いずれにしてもメタアナリシスは医学分野では、「科学的根拠（エビデンス）に基づく医療」のための強力なツールとして確固たる地位を築いています。この流れがスポーツ・健康科学の分野にも波及し、これらの分野でも様々なメタアナリシスが行われています。そのひとつがプロテイン摂取に関するものです。

体重あたり摂取量

　Cawoodらは病人において、食事の摂取カロリーのうち20％以上をタンパク質から摂取すると、再入院の割合が減少し、握力や体重の回復の程度が改善することをメタアナリシスによって示しています（文献3）。

　Gweonらは一般人において、タンパク質の摂取が1日あたり体重1kgあたり0.8g（0.8g/kg/日）以下の場合は、摂取量の増加に伴って筋タンパク質合成が高まることをメタアナリシスによって示しています（文献4）。ただし、0.8gより多い場合はそれ以上タンパク質摂取量を増加させても、筋タンパク質合成がさらに高まることはないようです。

　Cermakらは、レジスタンストレーニングを行っているときのタンパク質摂取量について報告しています（文献5）。それによるとタンパク質を1.2g/kg/日より多く摂取した場合と、そうでない場合を比較すると、1.2gより多いほうが除脂肪体重の増加と筋力の向上が大きいことを報告しています。以上のことは、これまで一般的に勧められているように、

125

激しいトレーニングをしていない人はタンパク質を0.8g/kg/日程度摂取し、激しいトレーニングを行っている競技スポーツ選手はその1.5 ～ 2倍程度を摂取するのが確かに効果的なようです。

摂取タイミング

　では、そのタンパク質をいつ摂取するのかということが問題になります。トレーニング関係の本を見ると、やはりトレーニング前後に摂取したほうがいいと勧めているものがほとんどです。実際に、その根拠になる研究も報告されていることは以前にも触れました。ただし、摂取タイミングによって効果に差がないと報告している研究があることも紹介しました。このようなときに力を発揮するのがメタアナリシスです。Schoenfeldらはメタアナリシスによって、トレーニングの前か後、あるいは前後ともに最低6g以上の必須アミノ酸を1時間以内に摂取している場合と、少なくとも2時間以内に摂取していない場合とで比較した場合、筋力、筋肉量ともに効果に差はないことを報告しています（文献6）。また、筋肉量増加の程度と関係があるのは、摂取タイミングではなく1日あたりのタンパク質摂取量であることも報告しています。タンパク質摂取量も多ければ多いほどいいというわけではなく、目安は1.6g/kg/日程度のようです。

　以上の結果をまとめると、プロテイン摂取のタイミングはそれほど気にする必要はなく、むしろ1日あたりの総摂取量に注意を払うといいようです。ただ、競技スポーツ選手であれば1日あたりの摂取目安が100gを超えてくると思われますので、それだけの量を摂取しようと思えば必然的に分割して摂取することになります。結果としてトレーニングの前か後のそう遠くない時間に1回摂取することになると思いますので、今までトレーニング直後に摂取していた人はそのままのスケジュールでいいのでしょう。ただ、それほど摂取タイミングに神経質になる必要もないようです。

[参考文献]

1) Beecher HK. JAMA 159 (17): 1602-1606, 1955.

2) Hróbjartsson A et al. N Engl J Med 344: 1594-1602, 2001.

3) Cawood AL et al. Ageing Res Rev 11 (2): 278-296, 2012.

4) Gweon HS et al. Nutr Res Pract 4 (5): 375-382, 2010.

5) Cermak NM et al. Am J Clin Nutr 96: 1454-1464, 2012.

6) Schoenfeld BJ et al. J Int Soc Sports Nutr 10 (1): 53, 2013.

22

スポーツ医科学への誘い（3）
研究者になるには

研究者になるには

　「スポーツ科学」や「健康科学」、あるいは「トレーニング科学」という言葉は世間にも浸透し、最近ではこの分野の研究者になることに興味を持つ若者も増えたように思います。私も時々、10代の若者に「研究者になるにはどうすればいいのですか？」と質問されることがあります。確かに、これまで様々な研究者が発表した研究については、その内容について紹介してきましたが、そもそも研究者にはどうすればなれるのか、ということについては触れてきませんでした。

　私自身は、若者にどんどん研究業界に参入してほしいと願っていますので、そこで研究者を志す若者に向けて職業としての研究者について、私自身の体験も含めて紹介してみたいと思います。

博士号と就職

　まず、研究者は基本的には「研究職」という職種に就く必要がありますが、これは、公設研究機関、民間企業、大学などが人材募集しています。当然、応募要件があり、最近は「博士号」の所持が必須のところがほとんどです。そのため、研究職を目指すのであれば博士号を取得する必要があります。博士号は大学を卒業した後に大学院へ進学して取得することになりますが、大学院は修士課程（2年間）、博士課程（3年間、医学系の場合は4年間）からなります。つまり大学を出た後に基本的には、さらに5年間学生をすることになります。

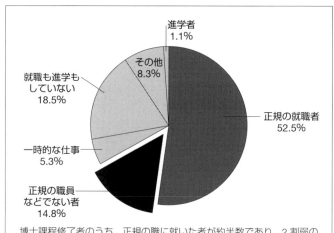

図22-1

博士課程修了者のうち、正規の職に就いた者が約半数であり、2割弱の者が無職である（文部科学省平成24年度学校基本調査より）。

　博士号取得の要件は各大学によって異なりますが、通常は査読（審査）のある国際学術誌へ論文が1～2報ぐらい掲載されると博士論文を執筆することが許可されるようです。その後、所属大学院による博士論文審査会を経て、合格すれば晴れて博士号が授与されることになります。博士号を取得すれば一応は専門家ということになりますが、研究を「職業」とするには就職する必要があります。

　近年は、この就職が非常に狭き門になっており、なかなか常勤の職を得られず「高学歴ワーキングプア」と表現されることもあります。私自身は公設研究機関と大学に勤務した経験がありますが、民間企業に勤めた経験はありませんので、研究所や大学への就職について紹介してみたいと思います。

民間企業も視野に

　現在、公設研究機関や大学への就職は極めて厳しくなっています。また、仮に採用されても任用期間が3～5年間となっているものが多く、非常に不安定な雇用状態を強いられます。就職が厳しい理由は、需要に対して供給が多いことが挙げられます。図22-1は文部科学省が公開し

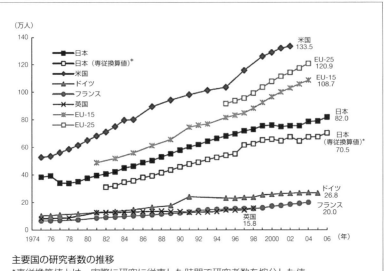

図22-2A

ている平成24年度学校基本調査のデータです。これによると博士課程修了者のうち、正規の職に就けている者が52.5％となっています。また20％程度が就職も進学もしていない、つまり無職であることがわかります。図22-2も文部科学省が公開しているデータですが、研究者数の総数は年々増加していますが（図22-2A）、所属機関別で見ると、公設機関では全く増えておらず、大学の研究者数の増加の程度も鈍いことがわかります（図22-2B）。つまり、増加した総研究者数を公設研究機関や大学のみでは吸収しきれておらず、多くが民間企業へ就職していることを示しています。このことから、これから研究者を目指す若者は、公設研究機関や大学にこだわらず、就職先として民間企業も視野に入れて活動するとよいといえます。ただ、健康・スポーツ科学分野の大学院生と話をすると、就職先として民間企業よりも大学や公設機関を希望する人が多いのは事実です。私自身も大学院生の頃は、民間企業への就職は選択肢にありませんでした。

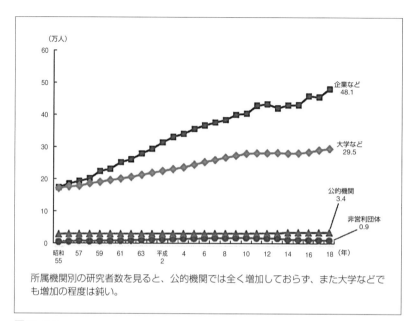

figure 22-2 B

　では、研究所や大学へ就職するにはどうすればいいのでしょうか。これは最初に述べたように、各機関から人材募集が出ますので、それに応募するしかありません。これは普通の就職活動と同様です。選考は、1次選考として書類審査があり、書類審査を通れば2次選考で面接があるのが普通です。就職が厳しいということは、採用倍率が高いということです。

　書類審査で落ちると、不採用通知が届くわけですが、時々その通知に応募者数が何名であったか記載されている場合があります。私も何度かそのような不採用通知を受け取ったことがありますが、採用枠1名のところに60〜80名程度応募しているようです。かなり競争倍率は高いといえます。

確率から試算

　時々「どこかに採用されるのには、何カ所ぐらいに応募すればいいの

でしょうか？」と相談されることもあります。よく、「10〜15カ所ぐらいに応募して、そのうち1カ所から面接に呼ばれればいいほう」といわれます。面接には3〜5名程度呼ばれるのが普通です。これから考えると、15カ所に応募して1カ所から面接通知がきて、5名が面接に呼ばれるとすると、最大で75カ所ぐらいに応募すればどこか1カ所に採用される可能性があります。つまり、これから大学や研究所に就職を希望する方は、最悪で74連敗は覚悟する必要があることになります。これは相当に精神力が要求されます。

　こう書いてしまうとこれから研究者を目指そうと考えている若者が、この道に進むのを躊躇してしまうと困りますので、少し注釈をつけたいと思います。74連敗というのは、単に応募要件のみから判断して応募できそうな機関に何も考えずに応募した場合です。実際は応募者は少なからず、応募先を下調べして、「ここなら採用されるかもしれない」というところを優先して応募します。自分が、確実に面接に呼ばれるだけの能力や実績を備えていると判断して応募すれば、1次選考を突破できる確率は高まるでしょう。ただし、選考するのは相手側です。いくら自分が採用されるに値する人材だと思っていても、人間が選考するので見落とされる可能性もあります。これらを考慮してざっくり計算してみましょう。

　採用人事での書類選考というのは、提出された書類から「この人なら採用しても大丈夫そうだ」と予測していることと同じです。与えられたデータから将来を予測するものとして、現時点で精度が高いもののひとつに天気予報があります。様々なデータをもとにスーパーコンピューターで計算しているわけですので、人間が勘で予測するよりは、はるかに精度が高いのは頷けます。気象庁のデータによると、翌日の天気予報の的中率は85％程度のようです。

　そこで、採用側の人間が応募者を正確に評価できる精度がスーパーコンピューター並みの85％と仮定しましょう。80名の応募に対して、1次選考（書類選考）で3名まで絞るとします。そうすると、選ばれた3名のうち2.55名は正当に1次選考突破に相応しいと評価された人物であり、0.45名は本来落とされるはずの人が誤って選ばれたことになります。その他の落選した77名のうち、65.45名は正当に落とされた人物であり、

11.55名は選ばれる能力を持ちながらも落とされた人物ということになります。

　結果としては、1次選考を突破できる実力がある人が約14名いても、その中の2名ぐらいしか面接に呼ばれないことになります。そうすると、約14％ですので、かなり自信を持って応募しても7カ所に応募して、そのうち1カ所から面接に呼ばれればいいほうという感じでしょうか。前述の10〜15カ所に1カ所の割合よりは随分楽にはなりましたが、それでも大変なことには変わりありません。

恥を忍んで

　では、この14％というのが妥当なのかということですが、これは多くの研究者に実態を聞いてみないことにはわかりません。そこで、恥を忍んで、正確な記録が残っている範囲で私自身の応募歴を紹介すると、過去5年間ぐらいで64カ所に応募して、面接に呼ばれた回数が8回です。面接に呼ばれる割合が12.5％ですので、ざっくり計算した値とほぼ一致します。これから、この分野の研究者を目指す若者たちにとって、どの程度参考になるかはわかりませんが、ひとつの目安と考えていただければと思います。

　私自身の体験とざっくりと計算した値がほぼ一致するということは、採用に関わる研究機関の先生たちが、応募者を正当に評価する精度が、スーパーコンピューター並みということでしょうか。そう考えると、この業界もまだまだ捨てたものではないのかもしれません。時々よくも悪くもユニークすぎる大学の先生や研究者を目にするのは、精度が100％ではないことに由来するのかもしれません。ただ、世紀の大発見などは人材の多様性の中から生まれてくることは否定できませんので、むしろ精度はあえて100％にしないほうがいいのかもしれません。

　また、人が人を選ぶという行為は研究者の採用だけではなく、スポーツ現場の選手のセレクションなどでも行われることです。そのような場面でも、いくら実力があっても必ず見落とされる場合があります。客観的に判断して自分に実力があると信じるのであれば、一度や二度セレクションから漏れても気にする必要はないともいえます。

23

トレーニングの基本を見直す

スピードのコントロール

　身体を大きくする目的でレジスタンストレーニングを行うのは、今や一般的になっています。ところが、ジムで観察していると効果を上げている人がいる一方で、何年経っても身体つきに変化が見られない人もいます。確かに素質によって効果の程度には個人差があるのは事実ですが、効果が全く見られない場合にはトレーニングの仕方にいくつか共通点が見受けられます。そのうちのひとつが動作スピードです。

　たとえば、初心者の頃は筋肥大を目的としたトレーニングをする際に、バーベルの動きをコントロールしながら行うようにと教わったと思います。トレーニングを始めた頃は、その教えを守っていた人でも、徐々にその教えを忘れている場合があります。

　どのジムでもベンチプレスを行うときに自分にとっては重すぎる重量で行い、バーベルをものすごい速さで胸に下ろし（落とし？）、胸の上でバウンドさせて挙上している風景を見かけることは珍しくありません。トレーニング効果が見られない人の特徴として、バーベルを下ろすときのスピードをコントロールできずに、速すぎるということがあります。この時期、各チームやクラブには新人が入ってきて、新人にレジスタンストレーニングを指導する機会も多いかと思います。新人に指導するこの機会に、改めてトレーニングの基本を見直すとともに、なぜ下ろすときのスピードが効果に差を生む要因になるのかを考えてみましょう。

134

下降局面での負荷

　バーベルを上げ下げしているときには筋肉はどのように働いているのでしょうか。バーベルを上げるときは、負荷より筋肉が出す力が勝っているため上へ挙がるわけです。当然、筋力が負荷を上回っている限りバーベルは下がりません。バーベルを下ろそうと思えば、重さを下回るように筋力を低下させる必要がありますが、筋線維1本単位で見ると、筋線維は収縮するかしないかしかありませんので、筋力を低下させるためには活動に参加する筋線維の本数を減らす必要があります。結果として、バーベルを下ろすときには、力発揮に参加する筋線維の本数が減りますので、力発揮に参加している残った筋線維には大きな負担（負荷）がかかります。そのため、同じ重さを上下する場合、仕事量は同じですが、筋線維レベルで見ると、下ろすときのほうが筋線維へのダメージは大きくなります。ただし、下ろすときのスピードが速くなりすぎると、うまく力発揮ができませんので、筋線維へ負荷をかけようと思えば動作スピードをある程度コントロールする必要があります。

　このような筋線維が筋力発揮をしながら伸張される動作を「伸張性収縮」と呼んでいますが、負荷を挙上するだけのトレーニングと負荷を下ろすだけ（伸張性収縮）のトレーニングを比較すると、伸張性収縮のみのトレーニングのほうが、筋肥大効果は高いことが知られています（文献1）。

細胞レベルでの変化

　では、伸張性収縮によって細胞レベルではどのような変化が生じているのでしょうか。高強度の伸張性収縮を行うと、筋肉の幹細胞である筋サテライト細胞の増殖が起こることが知られています（文献2、3）。また、筋線維にはご存知のように大きく分けて速筋線維と遅筋線維の2種類ありますが、伸張性収縮時には速筋線維の筋サテライト細胞の増殖が起こりやすいとの報告もあります（図23-1、文献4）。

　伸張性収縮時には速筋線維が多く動員されることが知られていますので、負荷のかかった速筋線維の筋サテライト細胞が増殖するというのは

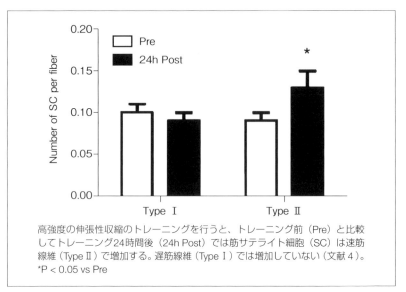

高強度の伸張性収縮のトレーニングを行うと、トレーニング前（Pre）と比較してトレーニング24時間後（24h Post）では筋サテライト細胞（SC）は速筋線維（Type Ⅱ）で増加する。遅筋線維（Type Ⅰ）では増加していない（文献4）。
*P < 0.05 vs Pre

図23-1

納得できます。筋線維の太さは遅筋線維よりも速筋線維のほうが太いことは知られています。伸張性収縮で速筋線維に負荷をかけ、筋サテライト細胞の増殖により修復し、筋線維が太くなっていくことを考えると、伸張性収縮の局面を大切にしてレジスタンストレーニングを行うのは合理性があると思われます。

伸張性収縮と筋肥大との関係では近年、細胞内カルシウムイオン濃度との関係が注目されています。高強度の伸張性収縮を行うと、筋細胞内のカルシウムイオン濃度が上昇することが知られており、この細胞内カルシウムイオン濃度の上昇は筋形質膜上に存在するstretch-activated channel（SAC）というトンネルを通じての細胞外からのカルシウムイオン流入によることが報告されています（文献5）。

また、このカルシウムイオン濃度上昇の程度は、筋線維の長さを変えずに力を発揮する等尺性収縮よりも、伸張性収縮のほうが大きいと報告されています（図23-2、文献5）。SACの阻害剤にストレプトマイシンという物質があります。実験動物のラットにストレプトマイシンを投与して伸張性収縮によるトレーニングを行うと、通常なら起こる細胞内情

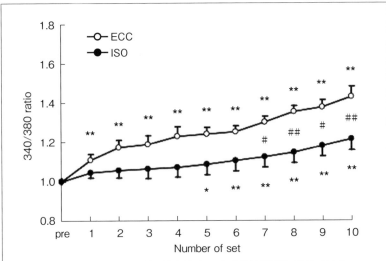

図23-2

実験動物のラットを用いて伸張性収縮（ECC）と等尺性収縮（ISO）のトレーニングを行わせると（1セットあたり50レップス）、ECC群のほうが細胞内カルシウムイオン濃度の上昇が大きいことがわかる（文献5）。
*P < 0.05, **P < 0.01 vs pre; #P < 0.05, ##P < 0.01 ISO vs ECC.

（注）340/380 ratio：細胞内カルシウムイオン濃度は蛍光試薬であるFura 2を投与することにより測定している。カルシウムイオンは錯体を形成すると励起波長がシフトするため、340nmと380nmの2波長での蛍光強度の比を取ることによりカルシウムイオン濃度の測定が行える。

報伝達系の活性化が減弱することが報告されています（文献6、7）。SACを完全に阻害すると筋肥大が抑制されるかどうかは、まだ不明な点が多く今後の研究が待たれますが、少なくとも伸張性収縮による筋細胞内へのカルシウムイオン流入が筋肥大を引き起こす反応の一部を担っていると思われます。

基本を見直す

昔から筋肥大を目的としたトレーニングのときは、2〜4秒間かけて重りを下ろすと効果的であるといわれています。誰が最初にいい始めたのかはわかりませんが、やはり試行錯誤の経験から導き出された方法

には真実が含まれているように思えてなりません。時々立ち止まって基本を見直すことは重要です。是非、今一度、動作スピードを見直してみてはいかがでしょうか。

[参考文献]

1) Higbie EJ et al. J Appl Physiol 81(5): 2173-2181, 1996.
2) Dreyer H et al. Muscle Nerve 33: 242-253, 2006.
3) Mckay B et al. Plos ONE 4(6): 1-13, 2009.
4) Cermak N et al. Med Sci Sports Exerc 45(2): 230-237, 2013.
5) Sonobe T et al. Am J Physiol Regul Integr Comp Physiol 294: R1329-R1337, 2008.
6) McBride TA. J Appl Physiol 94: 2296-2302, 2003.
7) Spangenburg EE and McBride TA. J Appl Physiol 100: 129-135, 2006.

24

How to本と
トレーニングプログラム

自由にプログラムを組むために

　書店を覗くと、トレーニング法に関する本が溢れています。試しに筋トレ関係の本を見てみると、必ず記載されているのが使用重量と反復回数と効果との関係です。最大挙上重量の90％の重さ（90％1RM）で3回前後挙げると筋力増強、60〜80％1RMで10〜15回挙げると筋肥大、60％1RM未満で15〜20回挙げると筋持久力向上の効果が得られるとい

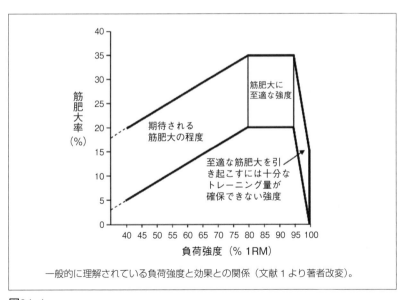

一般的に理解されている負荷強度と効果との関係（文献1より著者改変）。

図24-1

ったものです。皆さんもこういったことが載っている表を一度は見たことがあるのではないでしょうか。

この挙上重量と反復回数と効果との関係は間違いではありません。しかし、どの本を見ても必ず載っているため、トレーニングプログラムを作成する際に、この考えのみに縛られて少し窮屈になっている印象も受けます。もう少し自由にトレーニングプログラムを組むために、ここでこの挙上重量と反復回数と効果との関係について、とくに筋肥大に焦点を絞って見直してみたいと思います。

筋肥大を目的としたプログラムを作成するとき「80％1RM前後の負荷で10回×3セットやりましょう」というのが教科書的な組み方だと思います。図24-1はこの概念を図にしたものです（文献1）。筋肥大を促すには適切な負荷設定があることを述べています。では、この図はいったいどのようなデータをもとにして作成されたのでしょうか。

量を増やすと効果も高まる

研究分野では様々な負荷強度でトレーニングをした場合、筋肥大がど

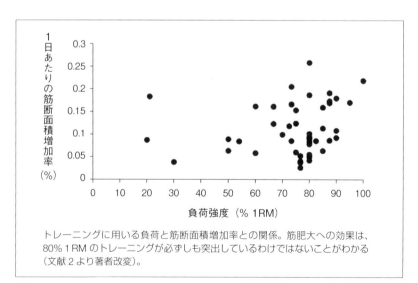

トレーニングに用いる負荷と筋断面積増加率との関係。筋肥大への効果は、80％1RMのトレーニングが必ずしも突出しているわけではないことがわかる（文献2より著者改変）。

図24-2

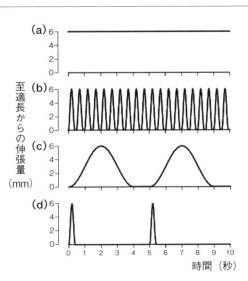

ラットの腓腹筋を至適長から様々な頻度で 6 mm 伸張させた。(a) は伸張したままであり、(b) は 2 Hz、(c) と (d) は 0.2 Hz で伸張させた。ここでは 10 秒までしか示していないが、総伸張時間は 5 分間。力積は (a) を 100 とした場合、(b) と (c) は (a) の 40％、(d) は 4 ％ である（文献 3 より著者改変）。

図24-3A

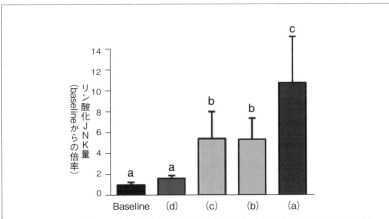

リン酸化 JNK 量は、メカニカルな刺激の大きさよりも、加えられた刺激の総量（時間×伸張の積分値）に比例している（横軸は図24-3A を参照）。

図24-3B

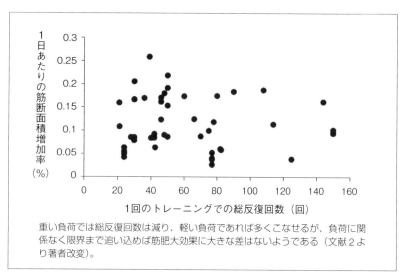

重い負荷では総反復回数は減り、軽い負荷であれば多くこなせるが、負荷に関係なく限界まで追い込めば筋肥大効果に大きな差はないようである(文献2より著者改変)。

図24-4

の程度生じるのかを検討した研究が数多く報告されています。その平均を取ると、おおよそ80％1RM程度がよいのではないかと結論づけられています。つまり、あくまで平均ですから、必ずしもこの負荷強度である必要はないともいえます。

　たとえば、図24-2は様々な論文のデータの負荷強度と1日あたりの筋肥大率を見たものです(文献2)。これを見ると、70～80％1RMの負荷で筋肥大を見た研究が多いのですが、筋肥大率で見ると80％1RMの負荷でトレーニングを行っても、20～60％1RMでのトレーニングと効果が変わらない場合もあることがわかります。また、必ずしも80％1RMが突出して筋肥大効果が高いわけでもないこともわかります。当然ながら、トレーニングプログラムを作成する際に重要になるのは負荷だけではなく、トレーニング量も重要になります。基本的には、ある程度までなら量を増やせばトレーニング効果も高まります。

　骨格筋に力学的負荷が加わると細胞内ではJNK (c-Jun N-terminal kinase) というタンパク質がリン酸化され、筋肥大に必要なシグナルが入ります。図24-3Aはラットの腓腹筋を様々な頻度で至適長(注:筋の発揮張力が最大になる長さ)から6mmほど伸張させたときの実験プ

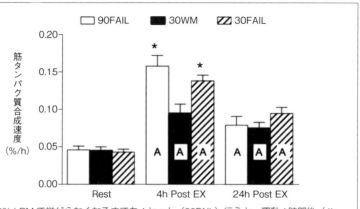

図24-5

90％1RMで挙がらなくなるまでを4セット（90FAIL）行うと、運動4時間後（4h Post Ex）には安静時（Rest）と比べて、筋タンパク質合成速度は有意に増加する。30％1RMで同様に行った場合（30FAIL）も同程度に増加する。30％1RMで仕事量を90FAILに合わせると（30WM）、筋タンパク質合成速度の上昇は見られない。
*P<0.05 vs 30WM.（文献3より著者改変）。

ロトコールを示しています（文献3）。つまり、筋肉への負荷強度のピークは変わらず、伸張する頻度だけを変えていることになります。その結果、筋肉に課されるメカニカルな刺激量という量の要因がJNKのリン酸化に影響していることがわかります（図24-3B）。そうであるならば60％1RMより軽い負荷でも、量さえこなして限界まで追い込めば重い負荷でのトレーニングと効果に差はないのではないかとも考えられます。

図24-4は1回のトレーニングセッションで行った反復回数と、1日あたりの筋肥大率を示したものです（文献2）。当然、量的に多くこなせるトレーニングでは用いる負荷は軽くなり、負荷が重い場合は量は少なくなります。これを見る限り、用いる負荷がどの程度であろうと限界まで追い込みさえすれば、筋肥大という面では効果に差がない可能性を示しています。

図24-5はヒトで膝伸展運動（レッグエクステンション）を90％1RMまたは30％1RMで挙がらなくなるまでを4セット行った場合と、30％1RMでの仕事量を90％1RMで挙がらなくなるまでを、4セット行ったときの仕事量と合わせた場合の運動後の筋タンパク質合成速度を見たも

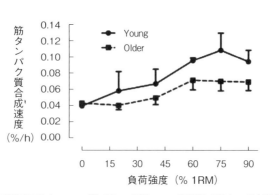

様々な負荷強度でトレーニングを行い、運動1〜2時間後の筋タンパク質合成速度を見た。負荷強度間の総仕事量は同じである。仕事量が同じ場合、負荷強度が高いほうが運動後の筋タンパク質合成速度が高い（文献4より著者改変）。
Young: 平均年齢24歳
Older: 平均年齢70歳

図24-6

のです（文献3）。30％1RMで限界まで行ったほうが、90％1RMで行うより総仕事量は約1.5倍こなせます。この場合、用いる重量が軽くても限界まで行えば、筋タンパク質合成速度は高重量で行うのと変わらないことがわかります。

多様な選択肢がある

このようなデータがあるにもかかわらず、なぜ図24-1のような概念図があるのでしょうか。

理由のひとつは、研究でトレーニング効果を検討する場合は、トレーニング量を実験群間で合わせるということが影響していると思われます。たとえば、各実験群でトレーニングに用いる負荷が異なっている場合、全体の仕事量を合わせなければ、効果に差があった場合に負荷が違うからか、仕事量が異なるからか区別できません。このような場合、重い重量を用いたトレーニングのほうが反復回数は少なくなるので総仕事

量はあまり稼げません。そこで、たいていの研究では、仕事量を高重量の群に合わせるため、軽重量の群では限界まで追い込まないで運動を終了することになります。たとえば、図24-5の場合は30％1RMでも限界まで追い込んでいる場合は（総仕事量は90％1RMより多い）、筋タンパク質合成速度は90％1RMでのトレーニングと差はありませんが、30％1RMで仕事量を90％1RMに合わせると筋タンパク質合成が上がりません。また、図24-6の研究では様々な負荷でトレーニングをしたときの筋タンパク質合成速度を見たものですが、仕事量を全ての群で合わせています（軽負荷の群では限界まで追い込んでいないと思われる。文献4）。この場合、高重量でトレーニングしたほうが筋タンパク質合成速度は高くなっています。

　他の理由として「指針」というものの性質があります。指針というのは「平均的な人がその通りにやれば平均的な結果が得られる」というものを示す必要があります。そのため、様々な研究報告でトレーニング効果を得られた平均の数値を採用することになります。そうすると、筋肥大には70～80％1RMで10～15レップスを3セット、頻度は週3回程度が無難という結論に落ち着きます。また、このようなプログラムは1回あたりのトレーニングが1時間以内で終わります。普通の社会人であれば、仕事帰りに週に2～3回ジムに行って1時間程度の筋トレ時間を捻出するというのが、実現可能な範囲だと思われます。そういった世間の人々の生活事情にも合っているため受け入れやすい理論であるということもあり、筋肥大には「70～80％1RM」というのが定着したのではないでしょうか。

　実際には紹介した通り、軽い重量でも限界まで追い込めば問題なく肥大します。限界まで追い込む方法としては反復回数を多くする以外にも反復回数は少なくても、ゆっくり動作することによって疲労困憊まで追い込むという方法でも効果があることが報告されています（文献5）。ただし、ある程度の力学的負荷は筋肥大には必要というのも事実で、軽い重量といっても30％1RMあたりに、効果が出るかどうかの閾値があるのではとの指摘もあります（文献6）。そのため、軽い重量で追い込む場合でも30％1RM以上の負荷を用いておいたほうが無難でしょう。

　筋肥大を促すためのプログラムには、このように多くのバリエーショ

ンを採用することが可能です。How to本の指標に縛られずに、トレーニングプログラムを作成するときのバリエーションのひとつとして、このような情報も頭の片隅に置いておくと便利かと思います。

[参考文献]

1) Fry AC. Sports Med 34(10): 663-679, 2004.
2) Wernbom M et al. Sports Med 37(3): 225-264, 2007.
3) Burd NA et al. PLoS ONE 5(8): e12033., 2010.
4) Kumar V et al. J Physiol 587(1): 211-217, 2009.
5) Tanimoto M et al J Appl Physiol 100(4): 1150-1157, 2006.
6) Schoenfeld BJ. Sports Med 43: 1279-1288, 2013.

25

肥え続けるダイエット情報

減量を成功させるために

　毎年、夏の季節になるとダイエット（減量）に励む人が多くなります。それと同時に、雑誌やテレビでもダイエット特集が組まれ、「○○式ダイエット」といった言葉が氾濫します。私自身も本書で何度か減量について様々な最新情報を提供してきました。減量についての情報は相当量蓄積されており、その情報量から考えると誰でも減量なんて簡単にできそうな気がしますが、現実には未だに「減量の仕方がわからない」という人や、無計画な減量をしている人が大勢いるのも事実です。

　私は仕事柄、時々減量の相談を受けることもありますが、そのときに相手に「あなたの1日の必要摂取エネルギーは何kcalと見積もっていますか？　現在1日に何kcal食べていますか？　いつまでに何kg減量する予定で、そのためには1日に何kcal減らす必要があると考えていますか？」といった基本的なことを尋ねます。しかし、残念ながらこれらの質問を全て答えられる人はほとんどいません。

　なぜこのような基本的なことを考慮しないのでしょうか。雑誌で特集されるような減量法は人目を惹くようなことを書かなければ雑誌が売れないということもあり、刺激的で魅惑的な言葉が並びますが、減量の基本を理解せずに、その表面だけをつまみ食いして試しても減量はうまくいきません。そこで、基本的な情報を整理して紹介してみたいと思います。

考慮すべきこと

　減量の最初に考慮すべき問題は「自分の１日あたりの必要エネルギー摂取量」です。これ以上食べれば太りますし、これ以下なら痩せます。非常に単純なことですが、この量を見積もることが大切になります。

　１日に必要なエネルギー摂取量は「（基礎代謝量）×身体活動レベル」で見積もることができます。「基礎代謝量」というのは、「覚醒安静時に消費するエネルギー量」と定義されます。つまり、呼吸をしたり体温を維持したりといった、本当に生命を維持するのに必要な最低限のエネルギー量ということになります。「身体活動レベル」とは１日の消費エネルギー量が、基礎代謝量の何倍にあたるかを示す数値です。たとえば、とくに激しい運動をしていない人であれば、おおよそ1.5ぐらいになります。つまり、この人の場合は「（基礎代謝量）×1.5」で計算すれば、１日に必要なエネルギー量のおおよその値が見積もれることになります。

　では、基礎代謝量をどのように計算するかですが、大がかりな実験施設であればある程度正確な値が出せますが、ここでは身長と体重の値を用いて簡易な方法で計算します。最初に自分の体表面積（m^2）を見積もります。そのための推定式は、「体表面積（m^2）＝ 体重（kg）$^{0.444}$ × 身長（cm）$^{0.663}$ × $88.83/10^4$」となります（文献１）。その次に求めた体表面積に基礎代謝基準値を乗じます。男性で37.5（kcal/h）、女性で34.3（kcal/h）となります。これが基礎代謝量になります。

　具体的な例で示すと、身長170cmで体重70kgの男性がいたとします。この人の体表面積は「$70^{0.444}$ × $170^{0.663}$ × $88.83/10^4$ ＝ 1.76（m^2）」となります。これに基礎代謝基準値を乗じると「1.76 × 37.5 × 24 ＝ 1584（kcal/日）」となり、この人の基礎代謝量は1584kcal/日となります（24を乗じているのは１時間あたりの基礎代謝基準値を24時間あたりにするため）。

　この数値に身体活動レベルを乗じたものが推定必要エネルギー摂取量になります。仮にこの人が普段あまり運動せずに過ごしているのであれば、身体活動レベルは1.5になるため、１日に必要な推定エネルギー摂取量は、「1584×1.5 ＝ 2376（kcal/日）」になります。この人の体重が増えも減りもしないのであれば、おそらくこの程度のエネルギーを摂取していると推測されます。

表25-1

	低い（Ⅰ）	ふつう（Ⅱ）	高い（Ⅲ）
身体活動レベル[2]	1.50 （1.40〜1.60）	1.75 （1.60〜1.90）	2.00 （1.90〜2.20）
日常生活の内容[3]	生活の大部分が座位で、静的な活動が中心の場合	座位中心の仕事だが、職場内での移動や立位での作業・接客など、あるいは通勤・買物・家事、軽いスポーツなどのいずれかを含む場合	移動や立位の多い仕事への従事者。あるいは、スポーツなど余暇における活発な運動習慣を持っている場合

活動レベルは代表値。括弧内はおおよその範囲（文献2）。練習の時期にもよるが、スポーツ選手の場合、持久系種目の選手は2.50、瞬発力系の種目の選手は2.00程度と推定される。

減量に向けた推定式

　妥当な身体活動レベルの数値を見積もるにはある程度の試行錯誤を含めた経験が必要ですが、参考になる数値を示しておきます（表25-1、文献2）。では、2376kcal/日摂取しているこの人が、1年間で5kg減量したいと希望した場合、毎日どれぐらいカロリーを制限すればいいでしょうか。そのための推定式は、「$\Delta W = 0.712 \times \Delta E$」となります（文献3）。ここで$\Delta W$は「体重（kg）の初期値からの変化割合（％）」、$\Delta E$は「エネルギー消費量（kcal）の初期値からの変化割合（％）」を示します。つまり、体重70kgの人が5kg痩せたい場合は、体重の変化割合は7.1％です。

　この数値を先ほどの式に入れると「$7.1 = 0.712 \times \Delta E$」となり、「$\Delta E = 10.0$」となります。つまり、エネルギーを今の2376kcalから毎日10％（238kcal/日）減らせば、1年後には今より5kg減少することが期待されます。この式を用いれば逆に、何kcal減らせば1年後には体重が何kgになっているかを予測することも可能です。つまり、自分の生活習慣や精神力を考慮して、1日あたり今よりどれぐらい摂取カロリーを減らしても無理なく減量を続けられるかを考慮して摂取カロリーを決めて、そこから推定した目標体重を目指して減量を進めることができます。

まずは４カ月を目標に

　ただ現実には、減量を１年間も続けるのは特別な目的意識がない限り、精神的に難しいものがあります。現実的なことを考えると３〜４カ月ぐらいが適当ではないかと思われます。私が減量の相談を受けた際は、まずは４カ月を目標にすることを勧めています。

　その理由は、減量には「緩徐効果」というものがあるからです（図25-1）。減量の緩徐効果というのは、減量が進み体重が減少してくるとそれに併せて消費カロリーも、必要エネルギー量も減少してくるので徐々に減量効果が薄れていくことをいいます。そのため、最初から緩徐効果を考慮して減量計画をつくるといいかと思います。

　減量開始４カ月で、１年間で減少することが期待される体重の約半分は落ちます。その後の８カ月間は減量効果が緩やかになると予想される

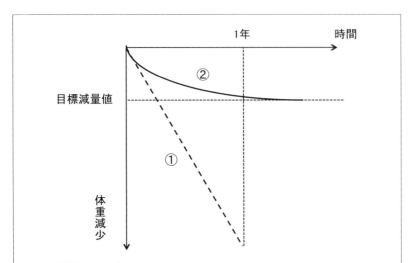

減量の緩徐効果の概略
一定の摂取エネルギー制限をした場合、①のように継続的に直線的に体重が減少することはなく、②で示すように徐々に減量効果は薄れていく。これは体重減少に伴い消費エネルギーと必要エネルギー量が減少していくからである。減量開始４カ月で目標減量値の半分ほどになると見込まれるため、継続的に減量を行いたい場合は、４カ月おきぐらいに減量計画を見直すのもひとつの方法と思われる。

図25-1

ことから、4カ月の時点で一度減量計画を見直すわけです。これ以上の摂取カロリー制限が厳しければ、そのまま緩やかな減量を続けます。一方、もう少し頑張れるということであれば、その時点で再度、推定必要エネルギー摂取量を計算し直して、目標体重を再設定し、さらに減量を推し進めます。そうすると、減量の緩徐効果が出る時期をさらに遅らせることができます。

現在地を知る

このように、減量をするときには大まかなアウトラインを計算し、あとは食事と体重、体調を記録していき微調整することになります。大まかでも計算をして数値で出すメリットとしては、原点を決めることができるということが挙げられます。微調整をするにしても、まず現在の立ち位置（原点）がわからなければ不可能です。また、おおよその基礎代謝量を計算しておけば、基礎代謝量を下回るような無理なカロリー制限を防ぐことができます。

どんなに慎重に減量をしても多少の除脂肪体重の減少は伴います。いい加減な減量で基礎代謝量を下回るようなカロリー制限をしてしまうと、除脂肪体重を大幅に減少させてしまいます。これでは体調を崩してしまいますし、基礎代謝の低下を引き起こし、減量を進めることが難しくなります。

今まで減量に何度も失敗している方は、是非一度、最初に計算により減量の効果を見積もったうえで計画を立ててみて下さい。

［参考文献］
1）山本敏行ら　新しい解剖生理学
2）厚生労働省資料　日本人の食事摂取基準（2010年版）
3）Swinburn BA et al. Am J Clin Nutr 89: 1723-1728, 2009.

26

サルコペニア、ロコモ、フレイル？

3つの違い

　「最近、サルコペニアでロコモになっちゃって、もうフレイルかしら？」といった言葉を聞いて、半数ぐらいの方は何をいっているのかわからないのではないでしょうか。

　時代が変わればいろいろと新しい概念が出てくるのはある程度仕方のないことですが、肝心の当事者が置き去りになっている印象も受けます。「サルコペニア」「ロコモ」「フレイル」といった言葉は、主にある種の高齢者を対象に使われますが、肝心の高齢者自身がそれぞれの用語の違いを把握できていないと思われます。

　運動指導者の中には高齢者の指導に携わっておられる方も多いかと思います。最近、上述のような言葉をよく耳にするようにはなったものの、中身がよくわからないという方も多くおられるのではないでしょうか。そこで「サルコペニア」「ロコモ」「フレイル」についての情報を整理してみたいと思います。

サルコペニア

　「サルコペニア」は研究者や運動指導者の間ではほぼ定着した感のある言葉ですが、一般の人々の間では、認知度はまだまだ高いとはいえません。もともとは、1989年にRosenbergが加齢と関係する筋肉量の減少を「サルコペニア」と呼んだのが始まりです（ギリシャ語でサルコ［sarx］は筋肉を、ペニア［penia］は喪失を意味します）。

152

表26-1

サルコペニアの診断基準
1）筋肉量の減少
2）筋力の低下
3）身体能力の低下

サルコペニアの診断基準では、筋肉量の減少が必須項目である。一般的には、正常成人の筋肉量の−2SD より少ない状態であればサルコペニアの可能性がある（文献5）。低筋肉量に加え、筋力の低下、あるいは身体能力の低下が見られれば、サルコペニアになる。

表26-2　EWGSOP によるサルコペニアの重症度

	筋肉量	筋力		身体能力
プレ・サルコペニア	低下			
サルコペニア	低下	低下	または	低下
重症サルコペニア	低下	低下		低下

　現在ではサルコペニアの診断基準は、筋肉量の減少が生じていることが必須項目であり、それに加え、筋力あるいは身体能力の低下が生じているかどうかということになります（表26-1）。この診断基準からもわかるように、サルコペニアと診断される人の割合は高齢者が多くなりますが、若年者でもこの診断基準に当てはまればサルコペニアになります。

　サルコペニアの定義については国際的定義を定めようとの動きがあり、欧州老年医学会が中心となり、ワーキンググループ（EWGSOP: European Working Group on Sarcopenia in Older People）が設立されました。EWGSOPではサルコペニアの診断基準を表26-1のように定め、さらにサルコペニアの重症度を3段階に分類しています（表26-2、文献1、2）。EWGSOPでは、サルコペニアの簡易のスクリーニングとして歩行速度を挙げています。歩行速度が0.8m/秒を下回るようだとサルコペニアの危険性があります。身近な例でいうと横断歩道の青信号は、基本的には歩行速度が1.0m/秒で渡りきれるように設計されていますので、もし渡りきれないという場合はサルコペニアである可能性が大きいといえます。

　では、なぜサルコペニアの診断が重要なのでしょうか。それは、サルコペニアと診断されるような人は生活の質の低下が起き、健康障害、死亡のリスクが増大するからです。60歳以上の高齢者では、サルコペニアの割合は10％程度はいると思われます（文献3）。60歳以上の人口は、

153

WHOの推計では、2050年には現在の6億人から20億人ぐらいまで増加するとされています。このことから、世界的に見ても、サルコペニアを放置することは大きな社会不安の要素になりかねません。サルコペニアの原因には加齢のほかに、疾患や栄養摂取状態、身体活動状態などが挙げられますが、これらは医療行為や運動、栄養指導による介入で改善可能でもあります。

ロコモ

次に「ロコモ」ですが、これも最近よく使われるようになった言葉ですが、一般の人々の間での認知度はそれほど高くない印象です。

「ロコモ」は正式には「ロコモティブ・シンドローム（locomotive syndrome）」といい、日本整形外科学会が2007年に提唱した比較的新しい言葉です。定義は「運動器の障害により要介護になるリスクの高い状態になること」とされています。運動器の障害といっても、骨粗鬆症や変形性軟骨症、筋肉の萎縮など、幅広く含みます。

ただ、主要転帰（アウトカム）が「要介護」となっていますので、サルコペニアよりは定義の範囲が限定されているとも理解されます。サルコペニアは診断での必須項目に「筋肉量の減少」がありますので、極端なことをいえば、運動器の障害があり、要介護のリスクが高くても、筋肉量が減っていなければロコモではあるけれども、サルコペニアではないとも解釈できます。ロコモではあくまでも「要介護のリスク」に重点が置かれているのかもしれません。そうはいうもののサルコペニアが進行すればロコモにもなりますし、ロコモが進行すればサルコペニアにもなるわけですので、お互いにかなり重複しているのも事実です。

フレイル

最後に「フレイル」ですが、フレイルとは英語の「frailty」の略で、日本語では「虚弱」と訳されます。では「虚弱」とは何でしょうか。Friedらは虚弱とは、1）体重の減少、2）筋力の低下、3）主観的な疲労度の増加、4）歩行速度の低下、5）身体活動レベルの低下の5つの項目

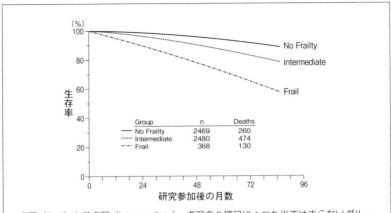

虚弱（Frail）と前虚弱（Intermediate）、虚弱の5項目に1つも当てはまらないグループ（No Frailty）を比べると、虚弱グループの生存率が他のグループに比べて低いことがわかる（文献4より著者改変）。

図26-1

のうち、1つか2つに当てはまる場合を「前虚弱」、3つ以上当てはまる場合を「虚弱」としています（文献4）。また、この虚弱の程度と生存曲線との関係を見ると、虚弱の場合の死亡率が高いことがわかります（図26-1）。

　では、この「虚弱」と「サルコペニア」との違いは何でしょうか。虚弱の場合は、加齢とともに、生理的予備能が少しずつ減少していくことであり、放置しておくと、やがて要介護に至る状態を指します。つまり、サルコペニアとの違いのひとつは、フレイルが高齢者を対象にしている概念であるということです。加えて、虚弱の場合は身体的能力の低下だけではなく、認知機能障害や精神的、心理的な問題、独居生活の困難さや、経済的困窮などの社会的問題も含む概念であると定義されています。「虚弱」という言葉から連想するものとしては、どうしても身体的なものだけになってしまいます。

　そこで、日本老年医学会では2014年に「フレイルに関する日本老年医学会からのステートメント」を発表し、身体的、精神的、社会的側面も十分に表現できる言葉として、従来まで用いていた「虚弱（Frailty）」という用語を「フレイル」という用語に再定義したようです。このこと

から、サルコペニアはフレイルを構成する要素のひとつと位置づけられます。ただこれも、サルコペニアとロコモとの関係と同じように、ほとんどのフレイルの高齢者にはサルコペニアが見られますし、サルコペニアを有する高齢者はフレイルでもありますので、重複する事象が多いのが現状です。

これから使われそうな言葉

それぞれに含まれる要素が異なりますので、各状態に適した用語を用いることが大切なのは理解できます。ただ、当事者になるであろう高齢者にも容易にわかるような日本語をなぜ使わないのかという疑問は残ります。

そのような疑問は残りつつも、今後は医療や運動指導現場でこれらの用語が頻繁に使われると思われます。本書が、それぞれの言葉の意味を理解するための一助になればと思います。

[参考文献]

1) Cruz-Jentoft AJ et al. Age Ageing 39: 412-423, 2010.
2) Cooper C et al. Osteoporos Int 23: 1839-1848, 2012.
3) Morley JE. J Nutr health Aging 2: 452-456, 2008.
4) Fried LP et al. J Gerontol A Biol Sci Med Sci 56: M146-156, 2001.
5) Baumgartner RN et al. Am J Epidemiol 147: 755-763, 1998.

スポーツ医科学トピックス　1（2014年5月15日刊）目次

1　抗酸化サプリメント再考——more is better？

2　筋肉痛とトレーニング効果——no pain, no gain？

3　吸血鬼ドラキュラに見るトレーニング科学（1）

4　吸血鬼ドラキュラに見るトレーニング科学（2）

5　スポーツ選手と節制——アルコール編

6　運動と風邪

7　競技力と遺伝子——カエルの子はカエル？　トンビがタカを生む？

8　生命科学から考える肉体改造

9　スポーツと遺伝学的検査（1）

10　スポーツと遺伝学的検査（2）

11　刻み込まれる夏の思い出——紫外線対策は確実に

12　組織酸素分圧の生理学（1）——高気圧酸素治療の原理と歴史

13　組織酸素分圧の生理学（2）

14　組織酸素分圧の生理学（3）

15　プロテイン——いつ飲む、今飲む、後で飲む？

16　ちょっとオトナの栄養学

17　体重計とメジャーから見た健康科学

18　ドーピング——出るならヤルな、ヤルなら出るな（1）

19　ドーピング——出るならヤルな、ヤルなら出るな（2）

20　ドーピング——出るならヤルな、ヤルなら出るな（3）

21　ドーピング——出るならヤルな、ヤルなら出るな（4）

22　アイシング

著者紹介

川田　茂雄（かわだ・しげお）
帝京大学医療技術学部スポーツ医療学科 講師。
2003年東京大学大学院総合文化研究科修了［博士
（学術）］。
北里生命科学研究所、東京大学大学院（新領域
創成科学研究科、総合文化研究科）、国立研究開
発法人 国立長寿医療研究センター研究所を経て
2014年4月より現職。
スポーツ医科学、健康科学の基礎、応用研究を進
める傍ら、研究と現場の掛け橋になるべく執筆、
講演活動も行っている。

スポーツ医科学トピックス　2

2018年4月27日　第1版第1刷発行

著　者　川田　茂雄
発行者　松葉谷　勉
発行所　有限会社ブックハウス・エイチディ
　　　　〒164-8604
　　　　東京都中野区弥生町1丁目30番17号
　　　　電話03-3372-6251
印刷所　シナノ印刷株式会社

方法の如何を問わず、無断での全部もしくは一部の複写、複製、
転載、デジタル化、映像化を禁ず。
©2018 by Shigeo Kawada. Printed in Japan
落丁、乱丁本はお取り替え致します。